Michael Tischinger

SELBSTLIEBE

DAS BUCH

Michael Tischinger war Arzt, Psychotherapeut und Theologe. Er wählte für dieses Buch einen besonderen Zugang: In 52 kurzen Geschichten zeigt er die Facetten der Selbstliebe für die seelische Gesundheit auf. Dabei berichtet er von vielem, was ihm selbst oder seinen Patienten widerfahren ist. So sind Geschichten entstanden, die authentisch und berührend sind und gleichzeitig auf spielerisch leichte Art den Zugang zur Selbstliebe ermöglichen. Tischinger hat in den vielen Jahren seiner Praxis festgestellt: Der Weg der Genesung ist der Weg vom Sich-selbstentfremdet-Sein hin zum Sich-selbst-Kennenlernen, vom Sich-selbst-Kennenlernen zum Sich-selbst-Annehmen bis hin zum Sich-selbst-Lieben. »Viele Menschen neigen dazu, mit sich selbst kritischer umzugehen als mit anderen. So führen sie einen unheilvollen inneren Selbstdialog. In ihren Gedanken kritisieren sie sich immer wieder selbst, werten sich ab, verurteilen sich und werfen sich selbst so manche Unfreundlichkeit an den Kopf. Kein anderer Mensch würde sich das alles gefallen lassen, wenn wir ihm das in gleicher Weise mit Worten antun würden. Ich plädiere daher dafür, dass wir uns auch von uns selbst nicht alles gefallen lassen sollten, gemäß dem Motto: Was du nicht willst, das man dir tut, das füge auch dir selbst nicht zu.« (Michael Tischinger)

DER AUTOR

Dr. med. Michael Tischinger (1967–2020) war Chefarzt der Adula Klinik Oberstdorf, Facharzt für Psychosomatische Medizin, Facharzt für Psychiatrie und Psychotherapie, Diplom-Theologe, Lehrtherapeut in tiefenpsychologischer Psychotherapie, Supervisor und Dozent. Außerdem war er ausgebildeter Paar- und Familientherapeut und zertifizierter MBSR-Lehrer. Bei Herder erschienen außerdem seine Bücher *Auf die Seele hören* sowie *Jeder Tag ist ein geschenktes Leben*.

Michael Tischinger

SELBSTLIEBE

Weg der inneren Heilung

HERDER

FREIBURG · BASEL · WIEN

Taschenbuchausgabe 2022
© Verlag Herder GmbH, Freiburg im Breisgau 2017
Alle Rechte vorbehalten
www.herder.de

Umschlaggestaltung: Designbüro Gestaltungssaal
Umschlagmotiv: FWstudio/shutterstock

Satz: Daniel Förster, Belgern
Herstellung: GGP Media GmbH, Pößneck

Printed in Germany

ISBN Taschenbuch 978-3-451-03354-4
ISBN E-Book (EPUB) 978-3-451-82668-9

INHALT

VORWORT

Wenn man alles, was einem begegnet, als Möglichkeit
zu innerem Wachstum ansieht, gewinnt man innere
Stärke.

MILAREPA, TIBETISCHER MEDITATIONSMEISTER

Ich empfinde tiefe Dankbarkeit, dass ich in meinem Leben
immer wieder zur rechten Zeit neue Inspirationen erhalten durfte. Manchmal war es eine Begegnung mit einem Menschen oder eine Erfahrung in der Natur, die mir eine ganz neue Einsicht ermöglichte. Manchmal bin ich einfach wieder an etwas erinnert worden, was ich bereits wusste, jedoch vergessen hatte und was ich an diesem Punkt meines Lebens gut gebrauchen konnte. Es scheint mir tatsächlich so zu sein, dass alles, was uns begegnet, ob es altbekannt ist oder ganz neu und unerwartet zu uns findet, eine Möglichkeit zum inneren Wachstum darstellt.

Oftmals sind die wichtigsten Botschaften des Lebens in Form von Geschichten zu mir gekommen. Geschichten, die andere mir erzählt haben. Geschichten, die ich selbst erlebt habe. Das Leben schenkt uns immer wieder neue Geschichten, und es braucht unsere Bereitschaft, unser Herz zu öffnen, um diesen Geschichten zu lauschen und sie auf neue Weise zu verstehen.

In diesem Buch habe ich 52 Geschichten niedergeschrieben, die sich in meinem eigenen Leben ereignet haben oder mir zugetragen worden sind. Wenn Sie wollen, können Sie nach Lust und Laune mehrere dieser Geschichten am Stück lesen, oder Sie verteilen diese über ein Jahr und lassen sich jede Woche von einer Geschichte und von dem, was das Leben Ihnen dadurch zuflüstern mag, überraschen. Fühlen Sie sich frei, die Geschichten in der Reihenfolge zu lesen, wie es Ihnen gerade beliebt. Vielleicht erspüren Sie intuitiv, welche Geschichte womöglich gerade jetzt den Weg zu Ihrem Herzen finden möchte.

Stellen wir uns das Leben wie eine Schule vor, in der wir zeitlebens immer wieder etwas Neues dazulernen und wachsen dürfen, so können auch Krankheiten und Krisen als Teil dieser Lebensschule verstanden werden. Sie enthalten vielleicht besonders wichtige Lektionen, um etwas Entscheidendes über unser Leben zu verstehen. Letztlich können wir aber jederzeit Wichtiges erfahren, wenn wir mit einem offenen Herzen jedem neuen Tag – und damit dem Leben selbst, so wie es sich vor uns Moment für Moment entfaltet – begegnen.

Es geht in der Lebensschule nicht darum, dass wir uns anstrengen und abmühen, sondern dass wir unser Herz öffnen und uns beschenken lassen. So kann jede Begegnung, jede Episode unseres Lebens, jede noch so kleine Lebens-Geschichte zu unserem inneren Wachstum beitragen. Einfach so – ohne dass wir uns besonders anstrengen müssten. Lernen wir zu leben, so ist Leben selbst die Belohnung.

Die Geschichten, die Sie im Hauptteil dieses Buches finden, haben sich so oder so ähnlich tatsächlich ereignet. Sind sie mir in meiner Tätigkeit als ärztlicher Psychotherapeut anvertraut worden, habe ich die betreffende Person um Erlaubnis gebeten, ob ich die Weisheit, die in dieser Geschichte verborgen liegt, weitererzählen darf. Damit keine Rückschlüsse auf die jeweilige Person möglich sind, habe ich die Namen und den Kontext der Geschichte verändert, doch der eigentliche Inhalt der Geschichte blieb erhalten.

Ich danke an dieser Stelle all jenen, die mir ihre Geschichten anvertraut und die Erlaubnis gegeben haben, die darin enthaltene Weisheit weiterzuerzählen. Ich danke dem Leben selbst für all die Wunder-vollen Geschichten, die es uns allen tagtäglich schenkt. Geschichten, die uns nicht beim Einschlafen, sondern beim Aufwachen helfen! Ich wünsche Ihnen die Bereitschaft, sich auf die Geschichten dieses Buches mit offenen Herzen einlassen zu können, um daraus Ermutigendes für Ihre eigene Lebensgeschichte und Inspirierendes für Ihren Weg der Selbstliebe zu entdecken.

Michael Tischinger, Oberstdorf im Sommer 2017

SELBSTLIEBE VERSTEHEN

∼

DAS BESTE, WAS DU SEIN KANNST, DU SELBST ZU SEIN

Als Chefarzt einer psychosomatischen Fachklinik begleite ich täglich Menschen, die in ihrem Leben an einen Punkt gekommen sind, wo es so wie bisher nicht gut weitergehen kann. Zu Beginn frage ich stets danach, was genau es sei, das sie in die Klinik geführt habe.

Oftmals höre ich als Antwort Sätze wie »Ich fühle mich erschöpft und ausgelaugt« oder »Ich befinde mich in einer Depression und leide an starken Ängsten« oder »Ich bin permanent im Stress und mein Körper sendet mir Signale, dass alles zu viel geworden ist«.

Dies ist jedoch nur die äußere Symptomebene, die quasi an der Oberfläche sichtbar wird. Wenn wir gemeinsam genauer nachforschen und die Frage, was den Einzelnen *wirklich* hierher geführt hat, erkunden, kommt darunter noch etwas anderes zum Vorschein: Ich höre dann Aussagen wie »Ich bin mir selbst fremd geworden. Ich kenne meine wirklichen Bedürfnisse nicht mehr. Ich nehme meine Gefühle nicht mehr wahr. Ich spüre mich selbst gar nicht mehr. Ehrlich gesagt bin ich mit mir selbst nicht gut umgegangen, oder habe es zugelassen, dass andere mich nicht gut behandelt haben.«

Und wenn wir gemeinsam noch genauer hinschauen, höre ich auf die Frage »Was hat Sie letztlich *wirklich, wirklich* hierher geführt?« ganz häufig, dass Menschen im Innersten an sich zweifeln, ob sie gut genug sind, ob sie ihren eigenen Ansprüchen genügen oder vor den Augen anderer bestehen können. Bin ich, so wie ich bin, wirklich ganz in Ordnung? Bin ich, so wie ich bin, wirklich liebenswert?

Oftmals stoßen wir dann auf ein Thema, mit dem jemand noch nicht ganz im Reinen ist, wo innerlich nicht wirklich Frieden herrscht. Oder jemand lehnt an sich oder seiner Lebensgeschichte etwas ab und kann sich selbst nicht wirklich wertschätzen, geschweige denn lieben.

Im Wesentlichen scheint es bei Heilungsprozessen immer wieder um Folgendes zu gehen:

Der Weg der Genesung ist der Weg vom Sich-selbst-entfremdet-Sein hin zum Sich-selbst-Kennenlernen, vom Sich-selbst-Kennenlernen zum Sich-selbst-Annehmen bis hin zum Sich-selbst-Lieben.

Wer sich selbst nicht liebt, läuft Gefahr, ständig das Bedürfnis zu haben, von anderen bestätigt werden zu müssen. Gleichzeitig kann er in einem Zustand der fehlenden Selbstliebe auch die Liebe der anderen nicht wirklich annehmen. Er oder sie sehnt sich zwar danach, von anderen geliebt zu werden, doch die anderen spiegeln nur das, was ohnehin in ihr oder ihm ist: die Überzeugung, nicht wirklich liebenswert zu sein.

Wer sich selbst nicht lieben kann, wird es zudem schwer haben, andere zu lieben. Wer sich selbst nicht mit Mitgefühl begegnet, kann auch kein wirkliches Mitgefühl für andere haben. Wer mit sich selbst nicht großzügig ist, kann auch anderen nichts gönnen. Wir können nicht wahrhaft etwas anderes geben als das, was in uns selbst ist. Wer sich selbst für wertlos hält, wird auch die Wertschätzung eines anderen nur schwer annehmen können, weil es seinen tiefsten inneren Überzeugungen widerspricht. Dabei sind wir so sehr auf die Erfahrung angewiesen, uns von anderen geliebt zu wissen! Halten wir es für möglich, dass wir tatsächlich liebenswert, der Liebe wert, sind, so können wir uns auch mehr und mehr in den Augen anderer geliebt wissen.

Sich selbst lieben, meint ein ganzes Ja für sich selbst zu haben. Kein »Ja, aber«, kein »Jein« oder »vielleicht« – sondern ein von Herzen kommendes Ja zu mir selbst. Ja, ich bin in Ordnung, so wie ich bin. Ja, ich bin auf dieser Welt willkommen und ich bin ein wunderbares, liebenswertes Wesen, so wie alle anderen in Wirklichkeit auch.

Halten wir uns selbst für nicht in Ordnung oder für nicht sonderlich liebenswert, dann meinen wir, irgendetwas tun oder leisten zu müssen, um uns des eigenen Selbstwertes zu versichern und der Liebe anderer als würdig zu erweisen.

Diese Verunsicherung führt zu einer oftmals subtilen, aber permanenten Grundspannung, weil wir tief in uns drinnen immer noch an unserem Gutsein zweifeln. So strengen wir uns immer weiter an, um über Tun und Leisten Anerkennung und Bestätigung von außen zu erhalten.

Oftmals halten wir diese Anstrengung für ganz normal, weil wir immer noch davon überzeugt sind, uns vor anderen und uns selbst beweisen zu müssen. Dies geschieht letztlich aus der Angst heraus, nicht gut genug zu sein, nicht richtig zu sein, abgelehnt zu werden oder von anderen nicht anerkannt zu werden.

Dahinter steckt ein gravierendes Missverständnis: Wir verwechseln Anerkennung mit Liebe.

Anerkennung bekommen wir für das, was wir getan, geleistet haben. Liebe wird uns hingegen geschenkt, weil wir sind, für unser So-Sein und Da-Sein als Mensch.

Womöglich ist die einzig wichtige Aufgabe unseres menschlichen Lebens, in unserer Fähigkeit uns selbst und andere zu lieben zeitlebens zu wachsen und zu reifen. Diese lebenslange Reise beginnt damit, dass wir ein wohlwollendes Interesse für uns selbst aufbringen, dass wir wirklich an uns selbst und dem, was in uns lebendig ist, interessiert sind.

Was glauben Sie, was geschehen würde, wenn Sie mehr und mehr ein *wirkliches* Interesse für sich selbst entwickeln würden? Wie würde sich Ihre Selbstwahrnehmung verändern? Und wie würde es wohl die Qualität Ihrer zwischenmenschlichen Beziehungen beeinflussen?

Wenn Sie den Eindruck haben, dass Sie womöglich noch ganz am Beginn dieser Reise zu sich selbst stehen oder bisher nur in ganz, ganz winzigen Schritten vorangekommen sind, dann akzeptieren Sie dies, so wie es gerade ist. Vielleicht ist es hilfreich, sich Reisebegleiter zu suchen, die Sie dabei unterstützen, ermutigen und Ihnen auf dieser Reise das Gefühl geben, willkommen zu sein.

Haben Sie Geduld. Machen Sie sich bewusst, dass ein Säugling, der groß und stark werden möchte, auch nicht damit beginnt, eine große Familienpizza zu verschlingen. Im Gegenteil: Er nimmt zunächst flüssige Nahrung zu sich und wird dann nach und nach an Brei und pürierte Kost herangeführt. Erst viel später lernt er die Fülle der unterschiedlichen Lebensmittel kennen und beginnt kleine Portionen davon zu kosten. Lassen auch Sie sich genug Zeit, nach und nach die Fülle der Erfahrungen, die sich aus einem Leben in Selbstliebe ergeben, zu erforschen. Bleiben Sie neugierig. Haben Sie ein wirkliches Interesse an sich selbst. Ebenso wünsche ich Ihnen ein echtes Interesse für Ihre Mitmenschen. Seien Sie neugierig und bleiben Sie bereit, immer wieder Ihr Herz zu öffnen.

WAS GENAU IST MIT SELBSTLIEBE GEMEINT?

Selbstliebe ist zunächst eine Haltung, die wir uns selbst entgegenbringen. Sie besteht aus einem achtsamen, offenen, freundlichen und fürsorglichen Umgang mit uns selbst.

Sie zeigt sich in der Beziehung, die wir zu uns selbst haben. Es ist eine Art und Weise, wie wir mit uns selbst verbunden sind. Selbstliebe meint in dieser Hinsicht eine wohlwollende, wertschätzende und liebevolle Weise des in der Welt Seins. Es bedeutet, ein wirkliches Interesse für uns selbst aufzubringen. Selbstliebe fordert uns heraus, uns immer wieder nach innen zu wenden, um wahrzunehmen, was in diesem Moment in uns lebendig ist. Selbstliebe nimmt die Stimme unseres eigenen Herzens wahr und sehnt sich danach, sich von dieser Stimme leiten zu lassen.

Aber Selbstliebe ist noch viel mehr. Es ist eine tiefe Form der Verbundenheit mit dem Mysterium unseres eigenen Lebens. Wer sich selbst zu lieben beginnt, erahnt, welch riesiges und unendliches Wunder das Leben ist. Wer sich selbst liebt, beginnt, sein eigenes Sein mit Verehrung zu empfangen. Er beginnt zu staunen, welch großartiges Wunder die eigene menschliche Schöpfung ist. Er kann tiefe Dankbarkeit für das Geschenk seiner Existenz empfinden.

Der Kirchenlehrer Augustinus von Hippo brachte das Dilemma unseres unerwachten Menschseins bereits im 4. Jahrhundert auf den Punkt: »Die Menschen machen weite Reisen, um zu staunen über die Höhe der Berge, über die riesigen Wellen des Meeres, über die Länge der Flüsse, über die Weite des Ozeans und über die Kreisbewegungen der Sterne. An sich selbst gehen sie vorbei, ohne zu staunen.«

Unser menschlicher Organismus ist ein großartiges Wunderwerk. Wenn wir begreifen, welch phantastisches Geschenk uns mit unserem Körper und unserem menschlichen Geist gegeben wurde, ist die einzig mögliche Antwort Dankbarkeit, Ehrfurcht und Staunen. Selbstliebe wird so zum Ausdruck eines inneren Erfülltseins. Wir können uns im Einklang mit der Schönheit der großen Schöpfung erfahren. Wir erleben unser eigenes Sein als kostbares und wertvolles Geschenk des Lebens an uns selbst.

Der Schriftsteller Erich Fried hat in seinem Essay »In der letzten Zeit vor meinem Tod« über die Liebe zu sich selbst Folgendes geschrieben:

> *»In der letzten Zeit vor meinem Tod ist meine Selbstliebe wieder größer geworden. Nicht auf Kosten der Liebe zu meinen Kindern oder zu meiner Frau .... Die Selbstliebe ist etwas ganz anderes, zum Teil eine Wiederentdeckung. Morgens nach dem Erwachen kann ich mit einer Fingerkuppe die Haut über meinen Rippen streicheln und ihre warme, weiche Berührung genießen wie als kleines Kind. Auch dass mein ganzer Körper, wo immer ich ihn anrühre, Beine, Bauch, Geschlecht, Arme, greifbar vorhanden ist, solid und sich gleichzeitig recht wohl fühlt, kann eine kleine Freude sein, die ich mir jetzt fast jeden Tag nach dem Erwachen und vor dem Einschlafen bereite. Manchmal fahre ich mir auch untertags mit der Hand liebevoll über den Nacken, über die Wange, oder mit der Rechten über den linken Oberarm, und finde das gut. Manchmal wird mir bei diesem Wissen und Fühlen meines Vorhandenseins ganz warm.«*

Mir geht es weniger darum, eine allgemein gültige Definition, was Selbstliebe denn sei, vorzustellen. Vielmehr bewegt mich die Frage, woran wir denn erkennen können, ob jemand sich selbst liebt. Woran erkenne ich, dass ich mich selbst liebe? Woran erkennen Sie, dass Sie sich selbst lieben?

Für mich persönlich bedeutet es, in einer wirklichen Verbindung zu meinem Inneren zu stehen. Mich selbst wahrzunehmen, mich zu spüren, mich in meinem Körper zuhause zu fühlen. Ich bin im gegenwärtigen Moment ganz bei mir. Ich bejahe den ständigen Wechsel im Fluss des Lebens. Ich bleibe mir selbst gegenüber freundlich und wohlgesonnen, egal, ob ich mich gerade glücklich oder unglücklich fühle.

Gebrauchen wir das Wort »Liebe«, so denken wir in aller Regel an starke, angenehme Gefühle. Es wäre naheliegend zu glauben, dass es bei der Selbstliebe darum ginge, diese leidenschaftlichen, beseelten Gefühle mir selbst entgegenzubringen. Doch darum geht es in Wirklichkeit nicht. Es ist vielmehr eine Bereitschaft, mir selbst, in jeder Situation, mit allem, was zu mir gehört, mit Freundlichkeit und Wohlwollen zu begegnen.

Für mich trifft das indische Pali-Wort *metta* diese Seinsqualität, die ich mit Selbstliebe verbinde, am ehesten. *Metta* wird gewöhnlich mit »Liebe« oder »liebender Güte« übersetzt. Es stammt jedoch aus zwei Wurzeln. Zum einen steht es für »sanft« und wird gerne in der buddhistischen Tradition mit dem sanften Fallen eines Regens verglichen, der ohne Unterschied auf alle Felder und Wiesen niedergeht, ohne etwas zu bevorzugen oder abzulehnen. Die zweite Wurzel von *metta* ist »Freundschaft«. Zusammengenommen bedeutet *metta* also eine sanfte Freundschaft, die zunächst bei mir selbst beginnt und ausnahmslos allen Aspekten meines eigenen Menschseins zugutekommt.

Dies ist die Basis von Selbstliebe, so wie ich sie verstehe. Von da aus kann diese Qualität der sanften, freundschaftlichen Verbundenheit sich unterscheidungslos weiter verschenken.

Übe ich mich in der Haltung der Selbstliebe, kann ich mir, egal wie ich mich im gegenwärtigen Moment auch fühlen mag, meiner eigenen Liebenswürdigkeit gewiss sein. Auf dieser Basis sehne ich mich danach, dass auch alle Menschen um mich herum sich ihrer eigenen Liebesnatur bewusst sein können.

Tatsächlich können wir, wenn wir uns selbst lieben, auch leichter die Liebe anderer annehmen, ohne sie zu fordern. Ebenso sind wir dann in der Lage, die Liebe, die wir für uns selbst empfinden, auch an andere weiterzugeben. In dem Maße, wie wir Zuneigung für uns selbst empfinden, ist Zuneigung vorhanden, die auch verschenkt werden kann.

Selbstliebende Menschen öffnen sich für die wahre Bestimmung ihres Lebens, für das, was sich durch sie realisieren möchte. Sie schauen mit weichen Augen auf sich und auf andere. Sie sehen das Wertvolle in sich und in den anderen. Menschen, die sich selbst lieben, sind innerlich frei. Sie brauchen ihr Inneres nicht mit dem Äußeren der anderen zu vergleichen. Sie sind ganz bei sich. Sie müssen mit ihrem Können, ihrer Leistung nicht prahlen und bringen doch ihre ganze Schönheit zum Ausdruck.

Ein selbstliebender Mensch bejaht auch die Polaritäten, die Widersprüchlichkeiten seines Lebens. Er ist bereit, seinen Schattenseiten mit einer annehmenden Haltung zu begegnen. Er ist sich bewusst, dass er Fehler machen wird. Auch wenn er etwas gut meint, so gelingt es nicht immer gut. Er kann sich selbst verzeihen. Wer sich selbst wohlwollend begegnet, strahlt auch für andere eine geistige Großzügigkeit aus. Er strahlt von innen her ein Licht, eine Schönheit aus, wie sie kein noch so aufwendiges Make-up und kein noch so schöner Schmuck hervorbringen könnte. Es ist sein wahres Selbst, das strahlt und immer mehr strahlen möchte.

MENSCH – ERKENNE DICH SELBST!

Viele Menschen nehmen sich auf eine sehr reduzierte Weise wahr. Sie verbinden etwa ihren Selbstwert ausschließlich mit dem, was sie leisten. Sie nehmen sich selbst eingeschränkt wahr – und nehmen dadurch auch andere und ihr eigenes Leben in einer reduzierten Form wahr. Sie neigen dazu, ihre Aufmerksamkeit zu sehr nach außen zu richten, und bekommen dadurch zu wenig von ihrem Inneren mit, von den Schätzen, die in ihnen da sind.

Erkenne dich selbst! So stand es wohl am Eingang des Apollo-Tempels in Delphi zu lesen. Diese Aufforderung lädt den suchenden Menschen ein, innezuhalten, bei sich selbst anzukommen:

Spüre dich! Spüre dein wahres Selbst! Du bist mehr als das, was du von dir weißt! Du bist mehr als das, was andere von dir denken! Spüre deine Mitte, den Ort in dir, an dem du deine innere Stimme wahrnehmen kannst. Die zarte, weiche Stimme in dir, die dich leiten will. Deine innere Stimme, die dich fühlen lässt, was für dein Leben wirklich stimmt, was für dich stimmig ist. Den Ort der inneren Weisheit, an dem du um dein Gutsein weißt, darum, dass du als Mensch hinter all deinen Verstrickungen, Komplexen, Fixierungen grundsätzlich heil bist. Spüre die Verbindung zu deiner Mitte, von wo aus du dich mit all deinen Potentialen kraftvoll und zuversichtlich wahrnehmen kannst.

Können wir unser Inneres, unsere eigene Mitte gut spüren, so kann uns dies helfen, in stimmiger Weise Entscheidungen zu treffen. Wir können innehalten, um mit unserer eigenen Mitte in Kontakt zu treten. Wir können in uns hineinspüren und wahrnehmen, was alles aus unserem Inneren auftaucht. Je mehr wir uns darin üben, all das, was in uns ist, wahrzunehmen, desto vertrauter werden wir mit diesem Prozess der Selbsterforschung und der Selbsterkenntnis.

Stehen Sie vor einer wichtigen Entscheidung, tun Sie gut daran, in sich hineinzulauschen: Ist da ein »Ja« oder ein »Nein« für eine bestimmte Option? Wie genau teilt sich Ihnen Ihre innere Stimme mit? Treffen Sie von innen her stimmige Entscheidungen, wird Ihr Leben leichter fließen, und Sie werden sich wohler und zuversichtlicher fühlen.

Stoßen wir in unserem Leben auf Probleme oder Schwierigkeiten, so sind dies letztlich nur Appelle an uns, wieder nach Hause zu kommen: an den Ort des zarten, weichen Kerns in uns selbst, um unsere eigene Seele, unsere Mitte, unsere Essenz wieder zu spüren und daraus zu schöpfen.

Ich lade Sie ein, sich doch einmal die folgende Frage zu stellen: Sind Sie in guter Beziehung mit sich selbst? Können Sie Ihre eigene Mitte spüren? Wie genau erfahren Sie Ihre Mitte? Was können Sie tun, um Ihre eigene innere Mitte noch besser wahrnehmen zu können? Wann haben Sie am stärksten das Gefühl, dass Sie ganz Sie selbst sind?

Es scheint mir so, dass es in unserem Leben immer wieder darum geht, unsere innere Mitte wahrzunehmen und aus dieser inneren Anbindung heraus zu handeln. Auf diese Weise können wir uns vertrauensvoll dem Leben hingeben, so wie es sich Moment für Moment vor uns entfaltet.

C. G. Jung bezeichnet unsere innere Mitte als »das Selbst«, als »Gott in uns«. Nach seiner Auffassung entspringt aus diesem Punkt heraus unser ganzes seelisches Leben, und alle höchsten und letzten Ziele unseres Lebens laufen auf diesen Punkt zu.

Eine Erzählung der Kabbala drückt dies so aus: Am Anfang war der Urknall, und das Göttliche wurde in unzählige Partikel zersplittert. In jedem Wesen, in jedem Menschen, ja in jeder menschlichen Erfahrung steckt ein solcher Splitter. Somit ist jeder Mensch, jede Begegnung mit einem Menschen, ja jede natürliche Erfahrung des Seins eine Gelegenheit, dem Göttlichen zu begegnen.

Viele Meditierende berichten, dass sie in Momenten der Stille, des Sich-nach-innen-Wendens, des bloßen Seins, eine Verbindung zu einer Präsenz verspüren, die größer als sie selbst ist. Wir alle können durch das Üben von Achtsamkeitspraktiken, wie dem bewussten Wahrnehmen unseres Atems, dem Nach-innen-Lauschen, dem Zur-Mitte-Gehen, unsere Pforten der Wahrnehmung reinigen und Kontakt zu unserer eigenen Seele und deren größerem Beziehungsfeld bekommen.

Jedoch sagen nicht wenige Menschen von sich, dass sie permanent im Stress sind. Sie meinen damit, dass sie sich ständig mit all ihrer Aufmerksamkeit und ihrer Kraft in ihren Aufgaben, ihren vermeintlichen Pflichten aufhalten und sich selbst nicht mehr spüren. Sie bekommen nicht mehr mit, wie es Ihnen wirklich geht, was Sie eigentlich bräuchten. Sie halten sich außerhalb von sich selbst auf: Sie sind im Stress zuhause, aber nicht mehr in sich selbst daheim.

Auf dem Weg der Selbstliebe geht es immer wieder darum, die Beziehung zur eigenen Mitte zu spüren – denn ohne sie können wir nicht wirklich wir selbst sein. Diese Mitte in uns ist immer da. Sie möchte wahrgenommen werden. Wir selbst haben den Schlüssel in der Hand und können die Tür nach innen öffnen. Je mehr wir uns mit dieser Tür vertraut machen, desto leichter und sanfter lässt sie sich öffnen. Wir können dadurch zentrierter, ganzheitlicher leben und uns mit dem Mysterium Leben tiefer verbunden fühlen. So erleben wir uns als wertvoll und würdevoll. Wir können anderen Menschen mit Achtung und Respekt begegnen und lebendige, nährende Beziehungen eingehen. All unsere Gefühle und Körperregungen können wir willkommen heißen und sie als hilfreiche Wegweiser nützen. Wir können unser Leben auf eine schöpferische und inspirierte Weise gestalten. Wir sind in der Lage, ein Selbst-bestimmtes Leben zu führen, da wir die Stimme unseres Selbst kennen und achten.

Viele Menschen, die in unserer Klinik Hilfe suchen, sind in eine Art Sackgasse ihres Lebens, in eine Krise geraten. Oftmals sind es berufliche, partnerschaftliche oder gesundheitliche Krisen, die Menschen innehalten lassen. Egal, welcher Art die Krise ist, die zugrunde liegende Aussage ist immer, dass es so wie bisher nicht weitergehen kann. Etwas muss sich ändern. Zunächst geht der Blick oft nach außen, die Arbeitssituation passt nicht mehr, eine partnerschaftliche Beziehung ist konfliktreich oder gesundheitliche Probleme haben überhandgenommen.

Das Problem scheint im Außen zu liegen: die Schwierigkeiten am Arbeitsplatz, das Verhalten des Partners oder die krankmachende Lebenssituation. Jedoch liegt der Schlüssel zur Lösung in uns selbst.

Auch wenn wir die Krisen unseres Lebens nicht wollen, so benötigen wir diese doch für unser eigenes Wachstum. Wir brauchen Krisen, da sie uns zeigen, wie abgetrennt wir von uns selbst sind, wie sehr wir die Beziehung zu uns selbst verloren haben. Sie machen uns darauf aufmerksam, dass wir eine neue Art der Beziehung zu uns selbst brauchen.

Häufig wird in Krisensituationen auch deutlich, dass Menschen in süchtiges Verhalten geflohen sind, um sich selbst auszuweichen. Letztlich ist aber nicht die Droge, der Alkohol oder der Computer das eigentliche Problem, sondern es sind die ungelebten Träume, die eingefrorenen Gefühle, die unerfüllten Sehnsüchte. Wenn Menschen nicht mehr ihren Träumen, Sehnsüchten, Gefühlen – und damit sich selbst – begegnen, sind sie letztlich auf der Flucht vor sich selbst.

Durch das Innehalten erkennen wir, dass die Krise ein Rufen ist. Es ist das Rufen von ganz innen – etwas in uns will gesehen werden. Die Krise appelliert an uns, wieder in Kontakt mit uns selbst und unserer Mitte zu kommen. Die Krise ist die Chance, uns wieder – vielleicht zum ersten Mal überhaupt – selbst zu entdecken.

Wir können die Blickrichtung wechseln: Statt nach außen sollten wir lieber nach innen schauen. Statt auf den anderen (Partner, Chef, Nachbar) zu schielen, können wir die Aufmerksamkeit auf uns selbst richten. Wir können uns fragen: Was brauche ich jetzt? Was brauche ich wirklich? Was brauche ich wirklich, wirklich? Wir können uns für uns selbst interessieren, für das, was uns innerlich bewegt. Wir können endlich aufhören, uns selbst schlecht zu behandeln. Wir können beginnen, uns selbst Gutes zu tun. Wir können einen warmen, weichen Blick auf uns selbst richten.

Im Grunde sagen alle spirituellen Lehren dieser Welt etwas sehr Ähnliches: Werde still! Geh nach innen! Komm zur Ruhe! Höre die Stimme deines Herzens! Sei gut zu dir selbst!

WARUM ES SO SCHWER IST, SICH SELBST ZU LIEBEN

An dieser Stelle möchte ich Sie zu einem kleinen Experiment einladen. Ich bitte Sie, sich fünf Minuten Zeit zu nehmen. Suchen Sie sich einen Ort, wo Sie für diese Zeitspanne ungestört sind und Sie es sich bequem machen können. Egal, ob Sie sitzen oder liegen, gehen Sie mit Ihrer Aufmerksamkeit zu Ihrem Atem. Nehmen Sie sich die ersten zwei Minuten Zeit, um bei geschlossenen Augen Ihre Aufmerksamkeit nach innen zu richten. Wo in Ihrem Körper können Sie den Fluss Ihres Atems besonders gut wahrnehmen?

Anschließend bitte ich Sie, sich den Satz »Liebe dich selbst« leise drei Mal hintereinander zuzusprechen. Stellen Sie sich vor, dass dieser Satz wie eine feine Sonde ist und Sie nun die verbleibenden drei Minuten einfach nur wahrnehmen, was dieser Satz in Ihnen auslöst. Welche Gedanken tauchen auf? Wie sind Ihre Körperempfindungen? Welche Gefühle sind für Sie wahrnehmbar? Können Sie Impulse beobachten? Ich bitte Sie, alles was sich in Ihnen dabei bemerkbar macht, mit wohlwollendem Interesse wahrzunehmen, ohne irgendetwas verändern zu wollen. Alles willkommen zu heißen, was in Ihnen vor sich geht.

Viele Menschen, mit denen ich dieses kleine Experiment durchgeführt habe, berichteten mir, dass sie sich über die Gedanken, Körperempfindungen, Gefühle und Impulse, die sie dabei wahrgenommen haben, gewundert hätten. Es seien neben angenehmen Empfindungen oftmals auch befremdliche oder gar unangenehme Reaktionen aufgetreten. Obwohl der Satz »Liebe dich selbst« wohltuend klinge, habe das Experiment durchaus teilweise sehr unterschiedliche, sich auch widersprechende Reaktionen in ihnen hervorgerufen. Es komme ihnen vor, als ob zumindest ein Teil in ihnen diesen Satz nicht glauben könne oder ihn sogar ablehne.

Als das Oberhaupt des tibetischen Buddhismus, der Dalai Lama, vor vielen Jahren begann, in der westlichen Hemisphäre Menschen zu unterrichten, sei er ganz erstaunt gewesen, dass so viele Menschen in unseren Breitengraden sich so schwer taten, eine liebevolle Beziehung zu sich selbst zu pflegen. Im Gegenteil, es schien ihm so, als ob sich viele Menschen selbst regelrecht ablehnten, ja sich selbst oder etwas an sich gar hassten. Mir kommt es so vor, als ob diese Beobachtung auch heute noch auf die allermeisten Menschen in unserem Land zutrifft und dass wir in der Sprache der Selbstliebe noch immer weitgehend Analphabeten sind.

Aber warum ist es eigentlich so schwer, in einer liebevollen Weise mit sich selbst in Verbindung zu sein, wo wir doch in einem friedvollen, von Wohlstand geprägten Land leben dürfen und es uns scheinbar so gut geht wie noch nie zuvor?

Auch wenn äußerlich Frieden, Wohlstand und Sicherheit für viele selbstverständlich geworden sind, so herrscht dennoch eine tiefe Not, was den inneren Frieden, das innere Wohlfühlen und das sich in sich selbst Geborgensein anbelangt. In Wirklichkeit sind wir nämlich nicht in einen paradiesischen Zustand hineingeboren worden, in dem wir mit unserem Sosein freudig und unvoreingenommen aufgenommen und durch unsere Kindheit hindurch begleitet worden sind. Vielmehr sind wir in einer leistungsorientierten Welt aufgewachsen – voller zwischenmenschlicher Beziehungsstörungen, Erwartungshaltungen und Idealvorstellungen, wie wir in den Augen anderer sein sollten.

Die allermeisten von uns haben durch direkte oder indirekte Botschaften von Eltern, Erziehern und Lehrern vermittelt bekommen, dass sie so wie sie sind, nicht wirklich in Ordnung sind. Unsere Muttersprache ist nicht Anerkennung und Wertschätzung, sondern vielmehr Kritik und Vorwurf. Wertschätzend und wohlwollend miteinander umzugehen, ist in unserer auf Wettbewerb getrimmten Kultur vielmehr eine Fremdsprache, die wir tagtäglich üben müssen, um sie uns zu eigen zu machen.

Da wir mit unserem eigenen Sein, unserer Lebendigkeit anders waren als die Erwartungen, die an uns gestellt wurden, begannen wir oftmals bereits in unserer Kindheit und Jugend selbst an uns zu zweifeln. Etwas schien mit uns nicht zu stimmen. Wir waren nur dann der Liebe unserer Eltern wert, wenn wir etwa das brave angepasste Mädchen oder der fleißige tapfere Junge waren. Es schien darum zu gehen, den Anforderungen, den Vorstellungen der Eltern zu genügen, um liebenswert, der elterlichen Liebe wert zu sein. Unser natürliches Selbstwerterleben wurde durch Sätze wie »Du bist nur dann liebenswert, wenn du …« fundamental verletzt. Auch wenn diese Sätze so nie ausgesprochen wurden, so hat doch das Verhalten unserer frühen Bezugspersonen uns gelehrt, dass unser Selbstwert bestimmten Bedingungen unterworfen war. Wir glaubten fortan selbst daran, wir seien nur unter bestimmten Bedingungen liebenswert. So bemühten wir uns besonders angepasst, fleißig oder gut zu sein – um von außen bestätigt zu bekommen, dass wir wertvoll sind.

Wer zum Beispiel als Kind gelernt hat, dass er nur dann Wertschätzung erlebt, wenn er in den Augen von Mama oder Papa seine Aufgaben ganz und gar richtig gemacht hat, entwickelt womöglich im Laufe seines Lebens einen Hang zum Perfektionismus. Dieser dient dazu, den inneren Mangel an gesundem Selbstwerterleben zu kompensieren. In der Kindheit war es womöglich eine sinnvolle Bewältigungsstrategie, um die Zuwendung der fordernden Eltern zu erhalten. Im Erwachsenenalter kann dies jedoch zu erheblichen Problemen führen, wenn der eigene Perfektionsanspruch weiterhin als Kompensationsversuch für den ramponierten Selbstwert benutzt wird.

Wird ein derart geprägter Mensch trotz seines Bemühens, alles richtig zu machen, von wichtigen Bezugspersonen wie Partner oder Arbeitskollegen kritisiert, kann dies zu einer heftigen Kränkungsreaktion führen, da die alte Wunde des Minderwertigkeitsgefühls berührt wird. Womöglich versucht er oder sie aber auch in der eigenen Elternrolle alles perfekt hinzukriegen und gibt somit nur den eigenen Perfektionismus und damit die eigene innere Wunde an die Kinder weiter.

Manch einer versucht eine schöne Fassade aufrechtzuerhalten, um sich und anderen glaubhaft zu machen, dass mit ihm alles in Ordnung sei. Dient diese Fassade als Ersatz für ein gesundes Selbstwertgefühl, so wird er viel Zeit und

Energie darauf verwenden, um den schönen Schein aufrechtzuerhalten. Der Preis dafür ist jedoch hoch. Der Blick bleibt immer nach außen gerichtet, und die Begegnung mit dem eigenen wahren Selbst wird konsequent vermieden. Das Denken kreist um die Frage, wie er auf andere wirken mag oder was andere von ihm denken, anstatt sich selbst zu fragen, wie es ihm denn tatsächlich geht, was er wirklich bräuchte und wie es denn in ihm selbst aussieht. Solche Menschen wirken oft hölzern, oberflächlich oder unecht und vermeiden es, sich auf tiefere, ehrlichere, freundschaftliche Beziehungen einzulassen.

Wer in seiner Kindheit immer nur dann wertgeschätzt wurde, wenn er sich um Papa, Mama oder die Geschwister kümmerte, wird auch als Erwachsener versuchen, seine Minderwertigkeitsgefühle durch Fürsorge für andere zu kompensieren. Solche Menschen haben bereits als Kind eine hohe Sensibilität dafür entwickelt, was andere brauchen, sind jedoch als Erwachsene noch immer verunsichert, wenn es um das Wahrnehmen eigener Bedürfnisse geht. Oftmals suchen sich solche Menschen einen sozialen Beruf, in dem sie sich als die guten Helfer für andere aufopfern, wissen aber nicht wirklich, was sie sich selbst Gutes tun könnten.

Sind wir in unserer Kindheit durch unsere Eltern und Erzieher in unserem natürlichen Selbstwert verletzt worden und haben als Selbstheilungsversuch ein bestimmtes Bewältigungsmuster entwickelt, so führen wir dies oft unbewusst ein ganzes Leben lang fort: Indem wir diese alten Muster als Erwachsene weiter pflegen, behandeln wir uns nun selbst so, wie uns damals unsere Eltern behandelt haben. Wir sagen in gewisser Weise zu uns selbst, dass wir alles richtig machen müssen oder perfekt sein müssen, um liebenswert zu sein. Wir verlangen von uns selbst, dass wir viel arbeiten, viel leisten müssen, um existenzberechtigt zu sein.

Wir meinen nach wie vor, wir müssen zuallererst die Bedürfnisse anderer erfüllen und die eigenen vernachlässigen, um angenommen zu sein. Letztlich bedeutet dies nichts anderes, als dass wir nun diejenigen sind, die uns selbst nicht wichtig nehmen, ja uns selbst nicht wirklich lieben können. Womöglich sind wir noch heute ärgerlich auf unsere Eltern, weil sie uns damals so behandelt haben, und übersehen dabei, dass es heute wir selbst sind, die wir uns so wenig wertschätzend, so wenig liebevoll um uns selbst sorgen.

Da alle Eltern eigene Wunden, Verletzungen und blinde Flecken in sich tragen, werden diese – ob gewollt oder ungewollt – als Botschaften an die eigenen Kinder weitergegeben und prägen somit deren Entwicklung mit. Wie eine Medizin bekommen Kinder täglich die Vorstellungen, Ideale und Glaubenssätze der Eltern eingeflößt, die ihnen immer wieder zu verstehen geben, dass sie noch nicht richtig sind, so wie sie sind. Folgerichtig meinen sie, dass sie noch angepasster, fleißiger oder einfach anders sein sollten, um diesen Idealvorstellungen ihrer Eltern zu entsprechen.

Eine solche Erziehung beruht also mehr auf der Erfüllung von elterlichen Erwartungshaltungen als auf bloßer Liebe und Anerkennung. Sie hat weniger das tiefe Verstehen des Kindes zum Ziel als vielmehr die Formung des Kindes, damit es zu einem braven, fleißigen und funktionierenden Teil der Gesellschaft wird. Um welche elterlichen Erwartungshaltungen es im Einzelnen geht, hängt entscheidend vom Selbstbild einer Familie oder der jeweiligen Familientradition ab.

In meiner eigenen Herkunftsfamilie, die seit Generationen in unmittelbarer Nachbarschaft zur Kirche, zum Pfarrhof und zur Wohnung des Dorflehrers beheimatet war, wurde es als ungemein wichtig erachtet, dass niemand an unserem Fleiß oder unserem guten Leumund zweifelte. Auch die Erziehung des Nachwuchses war darauf ausgerichtet, dass die Kinder dem Familienruf keine Schande bereiteten und die übrigen Dorfbewohner oder Verwandten nur Gutes über uns zu berichten hatten. Die Orientierung an dem, was andere womöglich über einen sagen könnten, hatte in meiner Herkunftsfamilie eine hohe Wertigkeit. Elterliche Liebe und Zuwendung wurde also mit Wohlgefallen und Leistung verknüpft – wie in den allermeisten anderen Familien auch.

WORAN ERKENNEN WIR FEHLENDE SELBSTLIEBE?

Untersuchungen an deutschen Kleinkindern haben ergeben, dass diese von Eltern und Erziehern auf ihr Verhalten hin wesentlich mehr negatives als positives Feedback erhalten. Wir wachsen in einer Kritikgesellschaft auf. Aussagen wie »Du bist zu laut«, »Du gehst mir auf die Nerven«, »Du bist anstrengend« kommen weit häufiger vor als Sätze wie »Schön, dass du da bist« oder »Ich freue mich, dich zu sehen«. Wir werden schon früh damit konfrontiert, dass wir als Kinder kritische, abwertende oder verurteilende Rückmeldungen über uns selbst erhalten. Die Ohren eines Kindes hören die Botschaft: »So wie ich bin, bin ich nicht in Ordnung. So wie ich bin, bin ich nicht liebenswert. Ich sollte eigentlich anders sein.«

Auch in der Schule geht es darum, möglichst wenig falsch zu machen. Unsere Fehler werden hervorgehoben und rot angestrichen. Nicht das Gelingen wird anerkannt, sondern unsere Fehler werden bestraft. So lernen wir als Kinder früh, uns selbst kritisch und als defizitär wahrzunehmen.

Nach und nach entwickelt sich eine innere Grundanspannung, weil etwas mit uns nicht in Ordnung zu sein scheint. Wir sollten eigentlich anders sein. So wie wir jetzt sind, genügen wir nicht. Wir sollten uns anstrengen, um »richtig« zu werden. Wir glauben, uns beweisen zu müssen, etwas anderes sein zu sollen als das, was wir jetzt gerade sind. Diese Vorstellung ist gespeist aus der Angst, nicht gut genug zu sein, abgelehnt zu werden, nicht liebenswert zu sein. Wir nehmen diese Überzeugungen mit in unser Erwachsensein und verhalten uns im Grunde auch weiterhin so, als ob mit uns etwas nicht stimmen würde. Wir arbeiten, funktionieren, strengen uns an – und doch kommen wir nicht wirklich zur Ruhe. Wir geraten in Dauerstress, da wir uns ja immerzu beweisen müssen.

Durch diese permanente Anstrengung kann die eigene Lebendigkeit, Natürlichkeit und der Zugang zu unseren authentischen kreativen Potentialen verloren gehen. Wir entwickeln immense Selbstzweifel, verlieren das Vertrauen in uns und haben keine wirkliche Achtung mehr vor uns selbst. Dies kann sich etwa daran zeigen, wie respektlos wir mit unserem Körper, unseren wichtigen Beziehungen oder unserer Lebenszeit umgehen: Wir essen zu viel oder das Falsche, wir bewegen uns zu wenig, wir gönnen uns zu wenig Erholungszeiten, überfordern uns selbst oder gleiten in süchtige Verhaltensweisen ab. Es fällt uns schwer, uns wirkliche Freude und Selbstwertschätzung zu schenken. Im Gegenteil führt mangelnde Selbstliebe oftmals zu aggressivem und destruktivem Verhalten. Unsere Art zu denken, uns zu vergleichen, neidvoll auf andere zu blicken, und dabei uns selbst jedoch als ungenügend zu betrachten, sind Hinweise, wie wenig wir uns doch selbst achten und lieben. Wir kritisieren und verurteilen uns selbst.

Wer jemand anderen verurteilt, hat aufgehört, ihn zu verstehen. Wer sich selbst verurteilt, hat aufgehört, sich selbst zu verstehen.

Was wir am nötigsten bräuchten, nämlich zur Ruhe zu kommen, in die Stille zu gehen, wirklich bei uns zu sein, vermeiden wir, da es uns ängstigt. Würden wir da nicht all den unangenehmen Selbstzweifeln, Selbstvorwürfen und Minderwertigkeitsgefühlen begegnen? In der Stille würde das bisher Unterdrückte ja wahrnehmbar, hörbar und fühlbar werden. Und doch wäre dies der erste Schritt auf der Reise zu uns selbst, der Reise zu einem liebevollen Umgang mit uns selbst. Es würde eine Standortbestimmung ermöglichen: Aha, so schaut es also in mir aus. Da stehe ich also wirklich.

Und es würde die Frage ermöglichen, ob ich weiterhin so lieblos mit mir selbst umgehen möchte oder ob ich den Mut und die Kraft aufbringen kann, daran etwas zu verändern.

Haben wir uns also in unserer Vergangenheit nicht wirklich liebevoll behandelt gefühlt und daraus gelernt, uns selbst ebenfalls nicht liebevoll zu behandeln, so gibt es im Grunde genommen drei Möglichkeiten, damit im Hier und Jetzt umzugehen:

DER LEIDENDE

Ich bin ärgerlich auf die, die mich damals schlecht behandelt haben, und ich behandle mich und meine Nächsten weiterhin schlecht. Ich lasse es mir gewissermaßen auch im Hier und Jetzt schlecht ergehen, damit die, die mich damals schlecht behandelt haben, sehen, was sie mir angetan haben. Offen oder verdeckt sage ich, dass sie Schuld sind an meinen Alkoholproblemen oder an meiner Depression oder meinen Beziehungsproblemen. Letztlich schwingen da oftmals alter Groll, Rachegefühle oder Hass mit – und andererseits die stille Hoffnung, die anderen würden sich ändern, ihr Fehlverhalten einsehen oder mir endlich die Form der Liebe schenken, die ich gerne hätte.

Bedauerlicherweise ist diese Strategie eine zwar häufig gewählte Bewältigungsform, führt jedoch nicht wirklich zum gewünschten Ziel. Allenfalls vertiefen sich die

Gräben mehr und mehr, die Vergangenheit zeigt sich in unzähligen Wiederholungsschleifen in der Gegenwart und auf der zwischenmenschlichen Ebene herrschen Rechthabereien vor. Der Hass auf die anderen formt sich schließlich zu einem Selbsthass, da ich mich ja selbst genauso schlecht behandle, wie die andern mich damals behandelt haben. Selbstliebe ist und bleibt ein Fremdwort. Ich liebe mich selbst nicht und die anderen auch nicht.

DER ALTRUIST

Eine andere Bewältigungsstrategie, die ich die altruistische Form nennen würde, funktioniert folgendermaßen: Obwohl ich damals nicht gut behandelt wurde und daraus gelernt habe, mich selbst nicht gut zu behandeln, behandle ich jetzt trotzdem die anderen gut. Die insgeheime Hoffnung dahinter lautet: Wenn ich schon selbst mit mir nicht gut umgehe, mich nicht wichtig nehme, werden die anderen aus Dankbarkeit für das, was ich ihnen Gutes tue, mich im Umkehrschluss gut behandeln müssen. Diese Strategie ist sehr anstrengend, da dahinter eine Doppelbotschaft steckt: Ich bin gut zu euch, aber bitte schön zeigt mir auch eure Dankbarkeit.

Diese Strategie führt häufig zu Enttäuschungen, da ich mir selbst die Wertschätzung verwehre, mir aber genau diese von anderen unausgesprochen erhoffe. Ebenso häufig kommt es dann zu Vorwürfen und Schuldzuweisungen, da in der inneren Zerrissenheit zwischen dem Sich-selbst-nicht-Lieben und dem Sich-für-die-anderen-Aufopfern viel Konfliktpotential liegt. Ein Beispiel hierfür wäre etwa eine Mutter, die sich selbst nicht achtet, aber sich für die eigenen Kinder verausgabt, damit diese es einmal besser haben. Langfristig wird dies zu Beziehungsstörungen führen, da die Kinder sich womöglich schuldhaft an die Mutter gebunden fühlen oder sich später mit Beziehungsabbruch aus der altruistischen Umklammerung lösen wollen. Diese Strategie lautet in Kurzform: Ich versuche die anderen zu lieben, ohne aber in gleicher Weise mich selbst zu lieben.

DER SELBSTLIEBENDE

Schließlich gibt es noch die dritte Bewältigungsform, die ich den Weg der Selbst- und Nächstenliebe nenne: Obwohl ich damals lieblos behandelt wurde und gelernt habe, mich selbst und dadurch auch andere lieblos zu behandeln, fange ich im Hier und Jetzt als Erwachsener an, mich dennoch liebevoll zu umsorgen, und kann dadurch auch authentisch liebevoll für andere da sein.

Der Weg der Selbstliebe ist extrem wirksam und langfristig auch sehr erfolgreich. Ich kann mich mit meiner Geschichte und den Menschen meiner Vergangenheit innerlich aussöhnen und somit auf Revanchegelüste,

Machtspiele oder Rechthabereien verzichten. Genau dies macht den Weg der Selbstliebe aber scheinbar auch so schwierig, setzt er doch zunächst einen radikalen Verzicht auf Rache und ein Loslassen des alten Grolls voraus. Genau dadurch ist dieser Weg aber so erfolgreich, weil ich auf vermeintliche Wiedergutmachung durch andere verzichte. Damit bin ich nicht mehr von der Einsicht oder vom Verhalten anderer abhängig und übernehme für mein Wohlergehen selbst die volle Verantwortung. Dieser Weg verlangt auch, dass ich die altvertrauten, aber hinderlichen Vorstellungen (dass es mir nicht gut gehen darf, dass ich selbst nicht wichtig bin) immer wieder neu loslassen muss, um das bisherige destruktive Selbstabwertungsprogramm zu beenden.

WAS MIT SELBSTLIEBE NICHT GEMEINT IST

Selbstliebe versus Egozentrik

Vielen Menschen ist die Vorstellung, sich selbst zu lieben, irgendwie suspekt. Selbstliebe wird oftmals mit egozentrischem Verhalten oder narzisstischem Geltungsbedürfnis verwechselt. Doch dabei handelt es sich um etwas völlig anderes.

Ein Mensch, der sich selbst liebt, ist in der Lage, sich selbst liebevolle Aufmerksamkeit zu schenken, mit sich selbst im Einklang zu sein. Er fühlt sich dadurch genährt, zufrieden und verbunden. Ein solcher Mensch hat eine wertschätzende Beziehung zu sich selbst und ist so in der Lage, belastbare, vertrauensvolle und liebevolle Beziehungen mit anderen Menschen aufzubauen. Er weiß darum, dass für ein gelingendes Leben Selbstliebe allein nicht genügt, sondern erst die Voraussetzung schafft, um fürsorgliche und wohlwollende Beziehungen zu anderen Menschen zu pflegen.

Egozentrische Menschen sind im Gegensatz dazu nur auf ihr eigenes Ich fixiert. Sie verhalten sich nach der Maxime: Ich, icher, am ichsten. Sie sind nicht mit ihrem wahren Selbst in Kontakt. Das Ego ist der Teil in uns, der kontrollieren will, bestimmen möchte. Ein egozentrischer Mensch tut sich schwer, sich hinzugeben, sich anzuvertrauen und wirklich zu lieben. Er will das Verhalten der anderen kontrollieren oder manipulieren, um eigene Vorstellungen oder Erwartungen durchzusetzen. Er handelt aus einer Mangelphilosophie heraus, die besagt, dass er letztlich nie genug haben wird. In der engen Welt des Egozentrikers ist sein Ego der Fixpunkt, um den sein ganzes Denken kreist. Einen egozentrischen Menschen leitet in zwischenmenschlichen Beziehungen das Motiv, wie er andere dazu bringen kann, dass sie seinen eigenen Wünschen und Vorstellungen entsprechen. Er verhält sich so, als ob alle anderen nur für ihn und seine Forderungen da zu sein hätten.

Mir scheint, als ob wir in unserer westlichen Kultur bisher zu wenig zwischen dem Ego-Anteil in uns und unserem wahren Selbst unterschieden hätten. Einerseits wurde zwar der Ego-Anteil in unseren ethischen Normen zu Recht begrenzt, um ein gutes gesellschaftliches Miteinander ausbilden zu können. Andererseits wurde der uns allen innewohnende Anteil unseres wahren Selbst aber zu wenig beachtet oder zu wenig gefördert, sodass viele Menschen in unserem Kulturkreis sich in der Entwicklung von Qualitäten wie Selbstfreundlichkeit, Selbstmitgefühl oder Selbstannahme noch immer sehr schwertun.

Wir erkennen den Unterschied zwischen einem egozentrischen und einem selbstliebenden Menschen daran, wie wir uns in seiner Nähe fühlen. Im Zusammensein mit einem um sein eigenes kleines Ego kreisenden Menschen fühlen wir uns unwohl, benutzt und manipuliert. Wir erleben uns nicht gesehen als der, der wir sind. In der Nähe eines sich selbst liebenden Menschen fühlen wir uns hingegen wohl. Wir spüren, dass wir akzeptiert werden, so wie wir sind, weil auch er gelernt hat, sich selbst zu akzeptieren. Ein sich selbst liebender Mensch weiß, dass er nicht losgelöst von seinen Mitmenschen wirklich glücklich werden kann. Er achtet deshalb auf sich *und* auf seine Nächsten, denn er ist sich bewusst, dass er nicht auf Kosten anderer glücklich sein kann.

Selbstliebe versus Narzissmus

Manch einer mag befürchten, dass Selbstliebe womöglich gar ein gesellschaftlicher Modetrend sei, der nur zu einer vermehrten Selbstbezogenheit führen könnte. Als Beleg hierfür könnte die zunehmende Selbstinszenierung in den sozialen Medien genannt werden, wo es darum geht, von sich selbst ein besonders tolles Bild zu entwerfen, um anderen zu gefallen und dadurch das eigene ramponierte Selbstwertgefühl aufzumöbeln. Sicherlich kann die Verbreitung des Internets mit der explosionsartigen Zunahme von Social Media einer Tendenz zur Selbstbespiegelung und des Um-sich-selbst-Kreisens als Surrogat für echte soziale Beziehungen Vorschub leisten.

Erschreckend fand ich in diesem Zusammenhang das Ergebnis einer jüngst veröffentlichten Studie der Stiftung Zukunft, wonach nur noch sieben Prozent der befragten Menschen in Deutschland regelmäßig Freunde einladen oder von ihnen eingeladen werden. Vor zwanzig Jahren waren es noch viermal so viele gewesen. Dies sind für mich ernstzunehmende Hinweise auf eine sich vereinzelnde Gesellschaft. Selbstliebe hat aber in keinster Weise den unabhängigen, autonomen Menschen, der nur sich selbst genügt, zum Ziel. Im Gegenteil weiß der Selbstliebende, dass wir alle der Erfahrung bedürfen, von anderen Menschen angenommen, ermutigt und geliebt zu werden. Selbstliebe ist etwas völlig anderes als Selbstbezogenheit oder selbstverliebter Narzissmus.

Der Begriff des Narzissmus entstammt der griechischen Mythologie und geht auf den schönen Jüngling Narziss zurück, der die Liebe anderer verschmähte. Er konnte offenbar nicht erkennen, wie sehr jeder Mensch der Liebe anderer bedarf, um in gesunder Weise wachsen und reifen zu können. Im liebevollen Blick des anderen können wir unsere eigene Liebenswürdigkeit spüren. Stattdessen verliebte Narziss sich in sein eigenes Spiegelbild. Er gilt somit als Prototyp des selbstverliebten Menschen.

Nun ist Selbstliebe und Selbstverliebtsein genauso wenig identisch wie Liebe und Verliebtsein. Die Vorsilbe »ver« deutet auf eine Zerrform des eigentlich Gemeinten hin. Wenn wir laufen, so kommen wir ans Ziel. Wenn wir uns verlaufen, so werden wir in die Irre gehen. Wir alle wissen, dass die Phase des Verliebtseins etwas sehr Erregendes, aber gleichzeitig etwas sehr Vergängliches ist. In der Verliebtheitsphase sehen wir die Wirklichkeit nicht wie sie ist, sondern wie wir sie uns erträumen.

Ein narzisstischer Mensch ist in gewisser Weise in sein Idealbild verliebt. Er ergeht sich in Bildern der eigenen Großartigkeit und reagiert sehr empfindsam auf Versuche seiner Umwelt, ihn auf den Boden der Wirklichkeit zurückzuführen.

Narzisstisch verletzte Menschen haben in der Kindheit wenig echte Liebe erfahren und versuchen als Erwachsene, ihren übergroßen Hunger nach Liebe durch eine intensive Suche nach Lob und Anerkennung zu kompensieren. Da sie ein qualitatives Liebesleck in sich tragen und dies durch ein quantitatives Mehr an Leistung und Anerkennung zu stopfen versuchen, werden sie auf diese Weise jedoch keine echte Erfüllung finden. Der narzisstische Mensch ist zutiefst in seinem Selbstwert verletzt und baut zum Schutz vor seinem eigenen Gefühl der Minderwertigkeit eine grandiose Fassade auf. Hinterfragt jemand diese Fassade, reagiert er schnell gekränkt.

Wie ein Süchtiger die Droge braucht, so jagt der narzisstisch verletzte Mensch permanent der unstillbaren Anerkennung im Außen hinterher. Er versucht, seinen Minderwertigkeitskomplex ausschließlich durch Leistung, Prestige,

Macht und Geltung zu heilen. Aber eine Droge kann nicht wirklich echtes Leben, echte Gefühle hervorrufen, und die Sucht fordert immer wieder eine Dosiserhöhung.

Wir Menschen sind soziale Wesen, die auf liebevolle, vertrauensvolle und wechselseitig nährende Beziehungen angelegt sind. Soziale Anerkennung, Macht und Geld sind hierfür allenfalls Ersatzstoffe, die aber nicht das eigentliche Bedürfnis nach Liebe und Beziehung stillen.

Der narzisstisch verletzte Mensch tut sich schwer, sich selbst oder andere wirklich zu lieben. Wertet er andere ab, um sich selbst zu erhöhen, wird er in zwischenmenschlichen Beziehungen dadurch genau das Gegenteil von dem bewirken, was er möchte. Andere sind ihm nicht dauerhaft zugeneigt, sondern wenden sich über kurz oder lang wieder von ihm ab.

Um zu genesen, muss *er* sich selbst seinem eigenen Verletztsein, seiner Wunde, seinen eigenen Schattenanteilen zuwenden und sich damit aussöhnen. Die erhöhte Empfindsamkeit kann somit zum Nährboden werden, um nach und nach ein wirkliches Mitgefühl für sich selbst und andere zu entwickeln. Zunächst muss er aber für sich selbst und für seine eigenen Verwundungen empathisch und mitfühlend werden, um so auch für die Verletzlichkeit und zugleich Kostbarkeit der anderen empathisch und mitfühlend sein zu können. Wer die eigene wahre Schönheit in der eigenen Brüchigkeit entdeckt, kann auch besser die Zartheit und Kostbarkeit im anderen sehen. Er braucht sich dann nicht mehr über andere zu stellen, indem er vorgibt, der Schönste und Größte zu sein.

Selbstliebe bedeutet also nicht, sich wie der Egozentriker nur um sein eigenes Ich zu drehen oder sich wie der narzisstisch geltungsbedürftige Mensch nach außen als außergewöhnlich darzustellen. Selbstliebe ist untrennbar mit Achtung, Wertschätzung, Wohlwollen und Fürsorge für sich selbst, aber ebenso auch für die jeweiligen Mitmenschen verknüpft.

DAS VERHÄLTNIS VON SELBST- UND NÄCHSTENLIEBE

Im Neuen Testament wird Jesus gefragt, was denn das wichtigste Gebot sei. Er antwortete: »Du sollst den Herrn, deinen Gott, lieben mit ganzem Herzen und ganzer Seele, mit all deiner Kraft und all deinen Gedanken, und deinen Nächsten sollst du lieben wie dich selbst.« Diese zentrale Aussage Jesu wird im Christentum auch als das dreifache Liebesgebot bezeichnet: Gottesliebe, Nächstenliebe und Selbstliebe.

In meiner eigenen religiösen Erziehung hatte ich jedoch den Eindruck, dass mir lediglich ein zweifaches Liebesgebot vermittelt wurde. Mir wurde nie etwas darüber beigebracht, was es denn bedeuten würde, sich selbst zu lieben. Im Gegenteil bekam ich eher den Eindruck vermittelt, es sei verwerflich, an sich selbst zu denken oder sich selbst wichtig zu nehmen. Es schien mir vielmehr ein Beleg besonderer Frömmigkeit zu sein, sich selbst »außen vor« zu lassen.

So erinnere ich eine katholische Priesterweihe, bei der der Neupriester voller Stolz davon sprach, es ginge ihm nicht darum, dass er glücklich werde, sondern allein, dass er sein Leben für das Glück der anderen aufopfern wolle. Jahre später erfuhr ich, dass dieser Priester inzwischen offensichtlich dem Alkohol verfallen war. Ebenso kann ich mich noch gut entsinnen, wie in einem Jugendgottesdienst die anwesenden Jugendlichen gefragt wurden, wer denn heiraten wolle, um glücklich zu werden. Nachdem die allermeisten Hände nach oben gingen, erklärte der Geistliche, dass dies eine vollkommen falsche Haltung sei. Man solle nur heiraten, wenn man die Absicht habe, den Partner glücklich machen zu wollen.

Auch während des zehnsemestrigen Studiums der katholischen Theologie, das ich neben meinem Medizinstudium absolvierte, kann ich mich nicht erinnern, je den Begriff der Selbstliebe gehört zu haben. Hingegen weiß ich noch sehr genau, dass durchaus von Selbstaufopferung, Selbstverleugnung und Selbstlosigkeit die Rede war.

Inzwischen ist mir als Chefarzt einer psychosomatischen Klinik in erschreckender Weise bewusst geworden, wie krankmachend es sein kann, wenn Menschen sich selbst nicht mehr wahrnehmen, sich selbst vernachlässigen, von sich selbst abgetrennt sind – unabhängig davon, warum dies so gekommen sein mag.

Stellen Sie sich das dreifache Liebesgebot als ein dreieckiges Gefäß vor, an dessen Ecken die Begriffe Gottesliebe, Menschenliebe, Selbstliebe stehen. (Sollten Sie mit dem

Begriff der Gottesliebe Schwierigkeiten haben, können Sie diesen Begriff in der für Sie passenden Weise abändern, etwa Liebe zum Leben, Liebe zur Höheren Macht etc.) Ist eine Ecke nicht existent, so ist die Gestalt nicht geschlossen. Wenn dieses dreieckige Gefäß »Liebe« zum Inhalt hat, so würde beim Vernachlässigen des Aspekts der Selbstliebe das Gefäß an dieser Ecke ein Leck aufweisen. Je nachdem wie klein oder groß das Leck ist, würde der Inhalt – die Liebe – nach und nach verloren gehen. Es geht also nicht um ein »entweder ich selbst – oder der andere«, sondern um ein »sowohl als auch«. Schließlich heißt das jesuanische Gebot ja nicht: »Du sollst deinen Nächsten *anstatt* deiner selbst lieben« oder »Du sollst deinen Nächsten *mehr* als dich selbst lieben.«

Das Wörtchen *wie* verbindet die Aufforderung zur Nächstenliebe mit der Aufforderung zur Selbstliebe auf der gleichen Ebene: Tue es in der gleichen Weise. Tue das eine ebenso wie das andere. Dies beinhaltet, dass wir uns zunächst mit unseren eigenen Fehlern und Schwächen annehmen und lieben lernen. Erst dann können wir auch andere mit ihren Fehlern und Schwächen akzeptieren, ohne sie zu bekämpfen. Wahrhafte Selbstliebe ist die unabdingbare Voraussetzung, um einen anderen Menschen überhaupt erst wirklich lieben zu können. Je mehr ich mich selbst bejahe, akzeptiere, desto mehr kann ich auch andere annehmen und wohlwollend betrachten.

Selbstliebe kann und soll keine Nächstenliebe ersetzen. Im Gegenteil: Sie befähigt erst dazu.

Vielleicht hilft Ihnen aber auch ein anderes Bild: Stellen Sie sich einen dreibeinigen Hocker vor, dessen Stuhlbeine Gottesliebe, Menschenliebe und Selbstliebe heißen. Der Hocker ist dann stabil, wenn alle drei Beine gleich lang sind. Fehlt eines der drei Beine, fällt der Hocker um. Ist eines der drei Beine zu kurz, wird er wackeln und keine gute Stabilität bieten.

Wenn Sie wollen, können Sie sich jetzt fragen, wie es um Ihren dreibeinigen Hocker bestellt ist. Ist da ein Bein zu kurz? Was bräuchten Sie, um zu einem stabilen, ausgewogenen Stand zu kommen?

Jenseits von religiösen Vorstellungen gibt es eine allgemein anerkannte Ethik zum Verhältnis von eigenen Interessen und den Interessen anderer. Die sogenannte »Goldene Regel« stellt gewissermaßen einen kleinsten gemeinsamen Nenner für ein menschliches Miteinander dar und lautet vereinfacht: Was du nicht willst, was man dir tut, das füg' auch keinem andern zu.

Aus meiner Erfahrung als Arzt und Therapeut würde ich diese Regel gerne ergänzen. Viele Menschen neigen offenbar dazu, mit sich selbst kritischer umzugehen als mit anderen. So führen sie einen unheilvollen inneren Selbstdialog. In ihren Gedanken kritisieren sie sich immer wieder selbst, werten sich ab, verurteilen sich und werfen sich selbst so manche Unfreundlichkeit an den Kopf. Kein anderer Mensch würde sich das alles gefallen lassen, wenn wir ihm das in gleicher Weise mit Worten antun würden.

Ich plädiere daher dafür, dass wir uns auch von uns selbst nicht alles gefallen lassen sollten, und würde daher gerne

die Goldene Regel in folgender Weise auf uns selbst über-
tragen: Was du nicht willst, was man dir tut, das füge auch
dir selbst nicht zu.

Der Meditationslehrer Franz Jalics pflegte Meditieren-
den folgende Fragen zu stellen: Wie groß ist der Anteil der
Menschen in Ihrem alltäglichen Leben, die Sie mögen und
wertschätzen? Wie groß ist der Anteil derjenigen, denen Sie
neutral gegenüberstehen? Und wie groß ist der Anteil der
Menschen, die Sie nicht mögen oder ablehnen? All diese
äußeren Beziehungen spiegeln letztlich unsere Beziehung
zu uns selbst wider: Wir lehnen so viele Anteile in uns selbst
ab, wie wir im Außen andere Menschen ablehnen. Wir stehen so vielen Anteilen in uns selbst neutral gegenüber, wie
wir auch Menschen im Außen neutral betrachten. Ebenso
bejahen wir so viele Anteile in uns selbst, wie wir andere
Menschen bejahen. Je mehr wir uns selbst mögen, desto
mehr können wir auch eine Vielzahl von anderen mögen.

Obwohl man diese Überlegung als wissenschaftlich nicht
überprüfbar abtun könnte, so drückt sie meines Erachtens
doch eine simple Wahrheit aus: Wie innen, so außen. Die
Menschen in unserem nahen Umfeld spiegeln uns immer
etwas von uns selbst. Hat jemand mit vielen Menschen im
Außen Konflikte, so ist das meist ein Hinweis darauf, dass
dieser Mensch mit sich selbst ein spannungsvolles, konflik-
treiches Verhältnis hat. Steht jemand in überwiegend guten
Beziehungen zu den Menschen seines alltäglichen Lebens,
so kann auch das als ein Spiegelbild für den inneren Seelen-
zustand dieses Menschen betrachtet werden.

LEBEN IST GESCHICHTE – GESCHICHTEN SIND LEBEN

Es gibt zwei Arten von Intelligenz:

Eine erworbene, die sichtbar wird, wenn
ein Kind in der Schule aus Büchern und
aus den Vorträgen des Lehrers Fakten und
Begriffe memoriert und Informationen
aus den traditionellen wie auch den neuen
Wissenschaften zusammenträgt. Mit dieser
Art von Intelligenz steigst du in der Welt auf.
Du wirst vor oder hinter anderen eingestuft,
je nach deiner Fähigkeit, Informationen zu
verwahren. Mit dieser Art von Intelligenz
wandelst du in den Feldern der Wissenschaft
umher und sammelst immer mehr Punkte in
deinem Speicher der Erinnerung an.

Aber es gibt noch eine andere Art von Speicher,
einen, der bereits vollkommen in dir ist. Eine
Quelle, die übersprudelnd ihre Begrenzung
sprengt. Eine Frische inmitten deiner Brust.
Diese andere Intelligenz verblasst nicht und
versiegt nicht, sie ist im Fluss. Sie muss sich
nicht erst durch die Leitungen des technischen
Lernens einen Weg von außen nach innen
bahnen. Diese Intelligenz ist ein Urquell, der
aus deinem Inneren entspringt und sich von
dort aus nach außen verströmt.

(RUMI, PERSISCHER SUFI-MYSTIKER)

Im Laufe unseres Lebens erwerben wir durch Eltern, Erzieher und Lehrer viel Wissen. Diese Art von äußerem Wissen schlägt sich in Faktenwissen oder in Fertigkeiten nieder, die wir für unser alltägliches Funktionieren gut gebrauchen können.

Daneben benötigen wir aber auch eine andere Art von Intelligenz – mehr eine Art Lebensweisheit denn bloßes Wissen. Diese Erfahrungsintelligenz wird in uns durch das Erzählen und Hören von Geschichten wachgehalten. Als Menschen brauchen wir von Kindheit an Geschichten für unser geistig-seelisches Wachstum. Gerade Kinder verstehen es, mit Leib und Seele in eine gehörte Geschichte einzutauchen, als wäre es ihre eigene.

Jede Kultur verfügt über einen eigenen Schatz an Weisheitserzählungen, Märchen oder religiöse Überlieferungen. Insbesondere bei nativen Völkern ist dieses Wissen um die Bedeutung von Geschichten auch heute noch sehr tief verwurzelt. Geschichten zu erzählen und erzählt zu bekommen, gehört zu den ursprünglichsten Bedürfnissen des Menschen.

Aber auch als Erwachsene brauchen wir heilsame und inspirierende Geschichten, die uns wieder für die Erfahrung des Wesentlichen öffnen und uns an unsere Ganzheit, unsere Integrität, unser wahres Sein erinnern. Geschichten können uns wieder in Kontakt mit dieser ursprünglichen inneren Quelle bringen, von der der Sufi-Mystiker Rumi spricht. Sie können im Gegensatz zu bloßem Be-greifen von äußerem Wissen uns im wahrsten Sinne des Wortes innerlich er-greifen.

Anthony de Mello drückt dies in einer kurzen Weisheitser-
zählung so aus:

> Die Schüler verlangten vom Meister nach Tieferem:
>
> »Ihr müsst noch begreifen lernen, meine
> Lieben, dass die kürzeste Entfernung zwischen
> einem Menschen und der Wahrheit eine
> Geschichte ist. Mag es auch üblich sein,
> der Wahrheit zu widerstehen, so ist es doch
> unmöglich, sich gegen eine Geschichte zur
> Wehr zu setzen, denn sie schleicht sich durch
> unsere Verteidigungslinien in das Herz hinein
> und kann gerade dann, wenn man es am
> wenigsten erwartet, wie eine Mine hochgehen,
> uns wachrütteln, ja uns wandeln.«

Eine Geschichte spricht zu unserer inneren Intelligenz, unserer inneren Weisheit. Je mehr wir in Kontakt sind mit dieser inneren Weisheit, unserem wahren Selbst, desto mehr
können wir uns dem Leben anvertrauen, so wie es sich Moment für Moment vor uns entfaltet. Sind wir mit diesem unserem wahren Selbst gut verbunden, so können wir unser
Leben gleich einem Fluss erfahren, der durch alle Engstel-
len und Windungen seinen Weg zum großen Ozean findet.

> Ein Strom wollte durch die Wüste zum Meer.
> Doch so schnell er auch in den Sand fließen
> mochte, seine Wasser wurden dabei aufgesogen

und verschwanden. Da hörte er eine Stimme, die aus der Wüste kam und sagte: »Der Wind durchquert die Wüste, und der Strom kann es auch. Du musst dem Wind erlauben, dich zu deinem Bestimmungsort hinüberzutragen.«

»Aber wie sollte das zugehen?«

»Indem du dich von ihm aufnehmen lässt.«

»Aber kann ich nicht derselbe Fluss bleiben, der ich jetzt bin?«

»In keinem Fall kannst du bleiben, was du bist«, flüsterte die geheimnisvolle Stimme. »Was wahrhaft wesentlich an dir ist, wird fortgetragen und bildet wieder einen Strom.«

Und der Fluss ließ seinen Dunst aufsteigen in die Arme des Windes, der ihn willkommen hieß, sachte und leicht aufwärts trug und ihn, sobald sie den Gipfel des Gebirges erreicht hatten, wieder sanft herabfallen ließ. Schöner und frischer als je zuvor. (Verfasser unbekannt)

Wenn unser eigenes Leben ins Stocken gerät, kann es durch die Verbindung zu unserer inneren Weisheit wieder auf wundersame Weise neu ins Fließen kommen. Sind wir in Kontakt mit dieser Art von innerer Intelligenz, spüren wir die Verbundenheit zum Kreislauf des Lebens und finden wieder neues Vertrauen. Wir öffnen unser Herz für die Essenz unseres eigenen Lebens.

Im Angesicht unserer Ängste finden wir wieder neuen Mut, uns dem Fluss des Lebens anzuvertrauen. So können wir aus unserer Mitte heraus die Liebe zu uns selbst, die Liebe zu anderen und die Liebe zum Leben strömen lassen. Zudem sind wir fähig, immer wieder neu die Liebe anderer Menschen zu empfangen. Wer auszutrocknen droht, der braucht die Erfahrung der Liebe. Wie ein altes Sprichwort sagt: Wen der Himmel retten will, dem schickt er die Liebe. Wir brauchen die Erfahrung von Liebe und wir brauchen Vertrauen in das Leben, um mutig unsere Wege weitergehen zu können. Und genau dabei können uns Geschichten auf ihre besondere Weise große Dienste leisten.

INSPIRIERENDE GESCHICHTEN AUF DEM WEG ZUR SELBSTLIEBE

SELBSTLIEBE IST ... SICH MIT SEINEM EIGENEN LEBEN AUSSÖHNEN

Wenn wir auf eine Reise gehen wollen, so starten wir gewöhnlich damit, uns auf diese Reise vorzubereiten. Wir überlegen, was wir für diese Reise wirklich benötigen und was wir besser zu Hause lassen. Planen wir, einen Berggipfel zu besteigen, so lassen wir unseren Kühlschrank am besten daheim. Er wäre nur unnötiger Ballast und würde die Reise sehr erschweren oder gar vereiteln.

Ebenso ist es mit der Reise zu uns selbst. Wenn wir uns auf den Weg machen, mit uns selbst – und schließlich auch mit anderen Menschen – mitfühlend, wohlwollend und liebevoll umgehen zu wollen, so tun wir gut daran, alten seelischen Ballast zurückzulassen.

Wir alle schleppen in unserem Lebensrucksack Dinge aus der Vergangenheit mit, die uns belasten und hinderlich sind, wenn wir leicht und unbeschwert reisen wollen. Dazu gehören insbesondere Verletzungen, Kränkungen oder Schuldgefühle. All das, was wir uns selbst oder jemandem anderen noch immer nachtragen. Ein sehr wirksamer Weg, um Belastendes loszulassen, ist die innere Aussöhnung: Mit uns selbst, den Menschen unserer Geschichte und unserem bisherigen Lebensweg.

Vielleicht kennen Sie das von sich selbst – Sie tragen sich immer noch einen Fehler, ein Versäumnis oder ein Scheitern nach. Viele von uns haben schon einmal von sich gesagt: »Ach, hätte ich doch damals nur nicht …«. Dies ist im Kern eine Verurteilung meiner selbst, eine Form von Nicht-ausgesöhnt-Sein mit mir und meinem damaligen Verhalten.

Wer sich selbst und anderen gegenüber nachtragend bleibt, hat letztlich viel zu schleppen. Sich aussöhnen meint, alte Urteile über mich selbst oder Verurteilungen, die ich über andere ausgesprochen habe, loszulassen.

Wenn uns unser eigenes Leben manchmal so fade und geschmacklos wie kalter Kaffee vorkommt, bedeutet dies meist, dass wir uns nach etwas Neuem sehnen, aber noch etwas Altes, Belastendes mit uns herumschleppen. Doch um meine Tasse neu mit frischem duftendem Kaffee füllen zu können, muss ich erst den abgestandenen Kaffee ausgießen.

Wirkliche Aussöhnung bedarf einer aktiven Entscheidung, etwas Altes, Destruktives nicht länger mit sich herumzutragen, um Platz zu schaffen für etwas Neues. Den alten Groll auf andere, das Hadern mit sich selbst lassen, um eine neue Freiheit zu erfahren. Das alte Nein loslassen, um Raum für ein neues Ja zu schaffen. Loslassen können wir aber nur das, was wir zuvor auch angenommen haben. Bildlich gesprochen müssen wir erst etwas in die Hand nehmen, bevor wir es tatsächlich loslassen können. Was wir ablehnen oder bekämpfen, wird bei uns bleiben. Was wir annehmen, wird sich zum Guten verwandeln.

Auch wenn Sie jetzt den Eindruck haben, dass es in Ihrem bisherigen Leben noch so manches ungelöste Problem gibt, so können Sie doch lernen, auch damit in Frieden zu leben. Seien Sie geduldig mit sich selbst. Wenn Sie den Eindruck haben, dass da noch so viele Fragen sind, auf die Sie erst eine Antwort benötigen, so können Sie auch die Fragen lieben lernen. Rainer Maria Rilke lädt in einem seiner Briefe ein, »Geduld zu haben gegen alles Ungelöste in Ihrem Herzen und zu versuchen, die Fragen selbst liebzuhaben ... Leben Sie jetzt die Fragen. Vielleicht leben Sie dann allmählich, ohne es zu merken, eines fernen Tages in die Antwort hinein.«

Der Weg der Selbstliebe ermöglicht uns, den Erfahrungen, die uns geformt und geprägt haben, mit einem grundsätzlichen Wohlwollen zu begegnen. Wir müssen die verletzenden und schwierigen Begegnungen mit den Menschen unserer Geschichte nicht verleugnen, sondern können ein

»Ja, so war es« finden. Der Weg der Selbstliebe ermöglicht es, Umwege, Scheitern, Brüche unserer Biografie, an denen wir noch durch Hadern oder Grollen anhaften, loszulassen. Die Selbstliebe hilft dabei, sie niederzulegen, ohne sie als Niederlagen betrachten zu müssen. Wir können durch diesen versöhnlichen Blick auch das Geschenk erkennen, das uns das Leben in der jeweiligen Situation gemacht hat.

Letztlich ist alles, was uns in unserem Leben begegnet, eine Gelegenheit zum Wachsen und tieferen Verstehen. Wir müssen uns somit nicht länger aufopfern oder einem alten Thema anhängen, sondern werden frei für etwas schöpferisch Neues.

Grenzgänger

Gerne erinnere ich mich an die Zeit meines Zivildienstes. Meine Aufgabe im mobilen sozialen Hilfsdienst war es, ältere, hilfsbedürftige Menschen, die meist alleinstehend in ihrem Zuhause lebten, beim Einkauf, Arztbesuch, Hausputz und Ähnlichem zu unterstützen. Ich war damals gerade zwanzig Jahre alt und fand es hoch interessant, viele ältere Menschen und deren Lebensgeschichten kennenlernen zu dürfen. Mich bewegten die einzelnen Schicksale – und wie unterschiedlich die Menschen damit umgingen. Je länger ich deren Einstellungen und Verhaltensweisen beobachtete, desto mehr kam ich zu dem Schluss, dass ich es mit zwei vollkommen unterschiedlichen Gruppen von Menschen, ja Volksstämmen zu tun haben musste.

Da war zum einen der Stamm, der auf mich verbittert und mürrisch wirkte. Ich will diese Menschen an dieser Stelle Bewohner des Opferlandes nennen. So lebte beispielsweise eine Frau in diesem Land, die in jungen Jahren ihren Ehemann verloren hatte und seither mit dem Leben haderte. Sie erzählte mir, dass sie sich als Witwe wie ein Grundstück ohne Zaun vorkam, sie fühlte sich seither von ihren Mitmenschen nicht mehr respektiert und von »dem da oben« im Stich gelassen. Im Opferland schien der König Groll zu regieren, und das Land wirkte in sich recht unfriedlich. Die Menschen des anderen Volksstammes hingegen zeichneten sich durch große menschliche Wärme und Herzlichkeit aus. Ich möchte sie an dieser Stelle als Bewohner des Schöpferlandes bezeichnen, da sie sich weniger als Opfer ungerechter Lebensumstände sahen, sondern sehr aktiv und schöpferisch ihr Leben gestalteten. Die Königin im Schöpferland hieß Dankbarkeit – und auch mir gegenüber, als Besucher dieses Landes, zeigten sich die Bewohner immer sehr freundlich und dankbar. Es schien ein sehr friedvolles Völkchen zu sein, und die Bewohner waren alles andere als engstirnig. Vielmehr strahlten sie eine innere Weite aus.

So lebte hier beispielsweise ein älterer Herr, der im Zweiten Weltkrieg gedient hatte und damals als junger Soldat durch eine Schussverletzung sein rechtes Bein verloren hatte. Immer wieder betonte er, wie dankbar er dem lieben Gott sei, dass er die Wirren des Krieges überleben durfte und trotz seiner körperlichen Behinderung seinen Beruf als Lehrer habe ausüben können.

Ich selbst erlebte mich als Grenzgänger, als zeitweiliger Besucher dieser beiden Länder. Mit der Zeit wurde mir klar, dass sich die meisten dieser Menschen bereits sehr früh in ihrem Leben dafür entschieden hatten, in einem der beiden Länder zu wohnen. Auch wenn die Grenze zwischen diesen beiden Ländern offen zu sein schien, so war es doch so, dass sich die Bewohner des Opferlandes entschlossen hatten, nicht auf Reisen zu gehen. Sie hatten sich vielmehr in ihrem gemütlichen Elend eingerichtet.

Die Frage, in welchem dieser beiden Länder ich einmal leben möchte, konnte ich mir schnell beantworten. Mir wurde bewusst, dass ich bereits jetzt, als junger Mensch, die Weichen stellen würde und damit entscheiden konnte, wo ich mein zukünftiges Leben verbringen würde. Ich ertappte mich dabei, dass ich mir gelegentlich ähnliche Gedanken machte wie die Bewohner des Opferlandes. Dann half es mir, mich daran zu erinnern, wo ich mich gerade befand. So konnte ich die bewusste Entscheidung treffen, wieder hinüber ins Schöpferland zu gehen. Eigentlich ist es ganz einfach, ins Schöpferland zu reisen. An der Grenze stellt sich nämlich nur eine einzige Frage: »Womit in meinem Leben soll ich in diesem Augenblick Frieden schließen?«

Wer diese Frage offenen Herzens beantworten kann, ist jederzeit im Schöpferland willkommen.

Paul

Es liegt schon gut dreißig Jahre zurück, dass ich Herrn und Frau Hell kennenlernte. Aber noch immer denke ich mit Freude an meine Zivildienstzeit zurück, als ich die beiden jede Woche bei Einkäufen und Erledigungen aller Art begleiten durfte. Von Anfang an war ich beeindruckt von der besonderen Ausstrahlung dieses Ehepaares. Herr Hell war bereits 85 Jahre alt, und der pensionierte Beamte litt an einer mittelschweren Form der Demenz. Damit war er sehr auf die Hilfe seiner 15 Jahre jüngeren Ehefrau, einer ehemaligen Opernsängerin, angewiesen.

Frau Hell war immer adrett gekleidet und sehr zuvorkommend, während sie sich mit großer Hingabe um ihren immer vergesslicher werdenden Ehemann kümmerte. Es faszinierte mich von Anfang an, welch tiefe Verbundenheit und Zärtlichkeit die beiden ausstrahlten, obwohl der Alltag aufgrund der fortschreitenden Demenz von Herrn Hell zunehmend beschwerlicher wurde.

Immer wieder fragte ich mich, was wohl das Geheimnis dieses außergewöhnlich liebevollen Miteinanders war. Natürlich wagte ich nicht, die beiden direkt darauf anzusprechen, genoss es aber jedes Mal, die große Hingabebereitschaft von Frau Hell in der Pflege ihres Mannes sowie seine spürbare Dankbarkeit wahrzunehmen. Eines Tages erkundigte ich mich beiläufig nach ihren Kindern. Ich sah, wie Frau Hell innerlich zusammenzuckte. Sie gab mir zu verstehen, dass sie mir bei nächster Gelegenheit darauf antworten würde, aber nicht jetzt in der Anwesenheit ihres Mannes.

Ich war überrascht angesichts der Reaktion von Frau Hell, wollte sie aber nicht mit meiner Neugierde bedrängen. Bei meinem nächsten Besuch hatte Frau Hell den Mittagsschlaf ihres Mannes so arrangiert, dass wir für eine Weile zu zweit in der Küche saßen. Dann begann sie zu erzählen:

»Ja, wir hatten einen gemeinsamen Sohn. Paul verstarb sechsjährig an einem tragischen Unfall. Es war um die Mittagszeit. Ich war beim Kochen, und weil mir zwei Eier fehlten, lief ich zur Nachbarin, um mir dort welche zu borgen. Bei dieser Gelegenheit plauderten wir ein wenig, was rückblickend sehr verhängnisvoll war. Inzwischen passierte zu Hause das Unglück. Durch austretendes Gas kam es in der Küche zu einer Explosion. Paul war auf der Stelle tot. Da ich aufgrund meines Berufes stadtbekannt war, erschien am nächsten Tag ein Foto von mir in der Zeitung, und es war zu lesen, dass ich beim Nachbarschaftstratsch mein eigenes Kind zu Hause vergessen hätte.

Mir wurde öffentlich eine Mitschuld am Tod von Paul gegeben. Das war für mich noch schmerzhafter als der eigentliche Verlust unseres geliebten Sohnes. Die Menschen ließen mich spüren, was sie in der Zeitung über mich gelesen hatten. Nur mein Mann hat mir den notwendigen Halt gegeben, indem er mir niemals auch nur den Hauch eines Vorwurfes gemacht hat, obwohl Paul sein Ein und Alles war. Ich bin meinem Mann bis auf den heutigen Tag so unendlich dankbar, dass er mir damals half, mich von meinen furchtbaren Schuldgefühlen zu befreien.«

Als Frau Hell wieder schwieg, hatten wir beide Tränen in den Augen. Ich verstand, was die beiden auf so tiefe Weise miteinander verband. Das war ihr »Geheimnis«.

Herr und Frau Hell sind mittlerweile längst tot. Aber noch heute lebt ihre Geschichte in mir fort. Sie hat sich für mich in die Gestalt eines Schmetterlings verwandelt, dessen Flügelpaar Vergebungsbereitschaft und Dankbarkeit heißen.

Mein Engelchen

So viele Jahre lagen mittlerweile zwischen dem Eingriff und ihrem heutigen Leben als Mitfünfzigerin. Doch was damals geschehen war, konnte sie bis auf den heutigen Tag nicht vergessen. Monikas Mann hatte sie vor die Wahl gestellt: entweder er oder das Kind.

Das Geld war knapp, und sie hatten bereits drei kleine Esser. Ohne Manfred würde sie als Alleinerziehende niemals vier Kinder durchbringen. In ihren Augen gab es keine wirkliche Wahl. Als sie in die Klinik ging, erklärte sie den Nachbarn, dass sie einen Abgang gehabt hätte. Niemand außer ihrem Mann erfuhr jemals davon.

Im OP, als sie auf den Arzt wartete, spürte sie die Bewegungen des Kindes. Der Gynäkologe behauptete, dass man diese in einem so frühen Stadium der Schwangerschaft noch gar nicht wahrnehmen könne. Aber sie war sich sicher. Als der Arzt dann vor dem Eingriff nochmals kurz aus dem OP gerufen wurde, bat sie ihr Kind: »Bitte verzeih mir!«

Zwei Jahre später war ihre Ehe am Ende. Manfred ging. Sie blieb mit den drei Kindern zurück und kam mehr schlecht als recht mit ihnen über die Runden.

Viel Zeit war seither vergangen, die Geschichte von damals schien längst vergessen, doch tatsächlich lebte der Schmerz tief in ihr weiter.

Vor einem halben Jahr nahm sich dann ihre älteste Tochter das Leben. Dieser Suizid ließ alle Dämme in ihr brechen. »Das ist die Strafe für die Abtreibung«, war sie nun überzeugt. Dieser Schuldspruch kam aus ihrem Innersten, und Monika fiel in eine Depression. Die vermeintliche Schuld lastete schwer auf ihren Schultern.

Doch sie holte sich Hilfe und nahm an einer Gruppentherapie teil. Zum ersten Mal sprach sie offen vor anderen Menschen über die Abtreibung und ihre Überzeugung, dass sie nun dafür büßen müsse. Das Wohlwollen und Mitgefühl der anderen Gruppenteilnehmer taten ihr sehr gut. So konnte sie nach vielen Jahren die lang unterdrückte Trauer zulassen. Gleichzeitig war sie sehr erleichtert darüber, endlich das Unsagbare aussprechen zu dürfen. Ihre Therapeutin ermutigte sie dazu, sich der Sprache ihrer eigenen Seele, die sich oftmals in Bildern und Träumen zeigt, anzuvertrauen. Und prompt träumte Monika nachts tatsächlich von Joachim, ihrem ungeborenen Sohn. Er war in ein schneeweißes Engelsgewand gekleidet und wandte sich ihr zu. Sie bat ihn erneut, wie bereits damals in der Klink, um Verzeihung. Er antwortete ihr: ›Ich habe dir längst verziehen, aber du selbst musst dir noch vergeben.‹

Sie fragte ihr Engelchen: ›Was soll ich tun?‹

Er sagte: ›Damals hast du auf deinen Mann und deinen Verstand gehört. Von nun an höre die Stimme deines Herzens. Sie wird dich führen. Das ist meine Botschaft für dich.‹

Der verlorene Sohn

Ich habe das Glück, in der Nähe eines kleinen Sees zu wohnen. Schon unzählige Male bin ich zu unterschiedlichen Tages- und Jahreszeiten den Weg um diesen See gegangen.

Obwohl es jedes Mal derselbe Weg ist, nehme ich immer wieder etwas anderes wahr.

So geht es mir auch mit einigen Geschichten, die ich schon viele Male gehört habe, aber immer wieder auf eine neue Weise höre. Eine solche Geschichte ist etwa die biblische Erzählung vom verlorenen Sohn.

Früher habe ich diese Geschichte, in der der jüngere von zwei Brüdern sein väterliches Erbe verschleudert, dann verarmt wieder nach Hause zurückkehrt und dort vom großherzigen Vater voller Freude aufgenommen wird, meist unter einem moralischen Aspekt wahrgenommen. Ist es nicht unerhört, dass sich einer einfach so sein Erbe auszahlen lässt, um dann in Saus und Braus zu leben und alles zu vergeuden? Ist es nicht die gerechte Strafe, dass er schließlich hungrig am Schweinetrog landet?

Später habe ich diese Geschichte mehr unter dem Aspekt des barmherzigen Vaters betrachtet, der den reumütigen Sohn wieder mit offenen Armen und offenem Herzen empfängt und ihm all seine Schandtaten verzeiht. Bisweilen bewegte mich dabei auch die Rolle des älteren Bruders, der treu zu Hause die Arbeit verrichtete, aber am Ende der Erzählung hartherzig und missgünstig auf die Güte des Vaters blickte und dem Jüngeren die väterliche Barmherzigkeit neidete.

Doch erst in jüngster Zeit wurde mir klar, dass ich eine entscheidende Stelle dieser vielschichtigen Geschichte bisher nie wirklich wahrgenommen habe. Es ist dieser einfache Satz, der über den mittellos gewordenen Jüngling am Tiefpunkt seiner Schmach gesagt wird: »Da ging er in sich.« Dieser Satz ist inzwischen für mich zum Dreh- und Angelpunkt der Geschichte geworden. In diesem Moment, der nach einer Kapitulation klingt, macht der verloren geglaubte Sohn die entscheidende Wendung.

Sein Blick, der bisher auf Äußeres gerichtet war, wendet sich nun nach innen. Verhielt er sich bisher wie fremdgesteuert von äußeren Dingen, die vermeintliches Glück und oberflächliche Freude verhießen, so begann er nun, nach innen zu lauschen. Es ist dieser Moment, wenn ein Mensch anfängt, sich für sein Innerstes, sein wahres Selbst zu interessieren. Er fängt zum ersten Mal an, wirklich aufrichtig sich selbst zuzuwenden.

Die Geschichte vom verlorenen Sohn erzählt davon, was geschieht, wenn ein Mensch sich wirklich für sich und sein Innerstes öffnet. Ein Mensch, der auf diese Weise auf sich selbst blickt, nimmt seine Sehnsüchte, seine Hoffnungen, seine Träume, seine Gefühle, seine wahren Bedürfnisse wahr. Daraus will etwas ganz Neues entstehen. Aus dem Nullpunkt wird ein Doppelpunkt, ein Neuanfang.

»In sich gehen« bedeutet, in sich selbst das Notwendige zu finden – das, was die Not wirklich wendet. Der bisherige äußerliche Blick wendet sich einer neuen Innerlichkeit zu. Offenbar hat der verloren geglaubte Jüngling in sich eine tiefe Verbundenheit zu seinem Vater gefunden, eine Bezogenheit, die stärker als jedes Scheitern und jeder falsche Stolz war. Das ermöglichte ihm, den Weg der Aussöhnung zu wählen.

Und so stellt sich plötzlich die Frage, wer denn wirklich der Verlorene ist?

Die Geschichte legt nahe, dass der ältere Bruder, der bisher äußerlich angepasst und rechtschaffen wirkte, am Ende unversöhnt zurückbleibt. Er wirkt in seinem Beharren auf die vermeintliche Ungerechtigkeit tatsächlich verloren. Er hat die Reise nach innen nie angetreten.

Wer nicht nach innen geht, geht leer aus.

Protokoll einer Heilung

Ein etwa 40-jähriger Mann, mittlerweile trockener Alkoholiker, schrieb mir vor Kurzem einen Brief, in dem er seinen ganz persönlichen Genesungsweg darlegte und mir die Erlaubnis gab, das Protokoll seiner Heilung an dieser Stelle weiterzugeben:

›Von Kind an fühlte ich mich von meinen beiden Eltern abgelehnt. Ich kam zu der Überzeugung, dass ich, so wie ich war, nicht gewollt wurde. In der Pubertät begann ich, regelmäßig Alkohol zu trinken, und der Groll auf meine Eltern wuchs und wuchs. In den folgenden Jahren stürzte ich total ab und überließ mich willenlos dem Alkohol. Der Hass auf meine Eltern war inzwischen grenzenlos. Vor sieben Jahren (ich war mittlerweile Mitte 30) brach ich den Kontakt zu meinen Eltern vollkommen ab. Meine letzten Worte waren: ›Ich bin Alkoholiker – und ihr seid schuld daran!‹

Ein Jahr später ging ich zum Entzug in eine Suchtklinik und konnte danach für zwei Jahre abstinent bleiben. Damals führte ich zum ersten Mal Gespräche über das Thema Vergebung. Das war für mich bisher ein Fremdwort gewesen und das blieb es damals auch noch. Nach meinem Rückfall suchte ich wieder eine Suchtklinik für alkoholkranke Männer auf. In meiner tiefen Not und Verzweiflung begann ich, an Treffen der

Anonymen Alkoholiker teilzunehmen. Ich begann nach einem spirituellen Weg zu suchen.

Ich verstand schließlich, dass der Alkohol nicht mein eigentliches Problem war, sondern die Art meines Denkens. Ich fühlte mich als Opfer meiner Eltern. Ich entdeckte all die Bitterkeit in mir, all die Enttäuschungen, die aber ganz allein mir gehörten. Ich begann zu verstehen, dass ich mich erst mit mir selbst aussöhnen musste, um nicht nur abstinent vom Alkohol, sondern wirklich nüchtern in meinem Denken, in meiner Haltung dem Leben gegenüber werden zu können. Ich fing an, mich mit meiner Krankheit auszusöhnen.

Es war ein jahrelanger Prozess. In den Meetings der Anonymen Alkoholiker erfuhr ich, dass ich so akzeptiert werde, wie ich bin – ohne jedoch so bleiben zu müssen. Heute kann ich Gott sogar danken, dass er mich zum Alkoholiker werden ließ, sonst hätte ich mich nie auf diesen spirituellen Weg begeben. Heute kann ich sagen, es hätte mir nichts Besseres passieren können. Ja, ich habe auf diese Weise zu meinem wahren Selbst, zu meinem eigentlichen Leben gefunden. Nachdem ich mit meiner Krankheit und mir selbst ausgesöhnt war, spürte ich nach und nach den Wunsch, mich auch mit meinen Eltern zu versöhnen.

Heute, am 70. Geburtstag meiner Mutter, habe ich sie nach sieben Jahren totalen Kontaktabbruchs zum ersten Mal wieder angerufen: ›Hallo Mama, ich bin's, dein Sohn. Ich möchte dir sagen, dass es mir sehr, sehr gut geht. Ich wünsche auch dir, dass es dir gut gehen möge.‹ Sie hat sich tief innen gefreut. Ich habe gehört, wie sie am Telefon weinte. Mir wurde klar, dass nicht nur ich verloren war, sondern auch sie. Wie hätte sie eines Tages in Ruhe sterben können, wenn ihr verlorener Sohn noch nicht zurückgekehrt wäre? Sie hat mich eingeladen, möglichst bald auf einen Kaffee vorbeizukommen. Ich freue mich total auf das Wiedersehen mit meinen Eltern.«

Richter Gnadenlos

Sechs Jobs innerhalb von fünf Jahren verloren. Klar, die Werbebranche ist sehr schnelllebig, und es herrscht ein harter Wettbewerb. Dennoch war ihm bewusst, dass es so nicht weitergehen konnte. Da er durch die häufigen Stellenwechsel mehrfach in eine andere Stadt umziehen musste, stand nun auch seine Partnerschaft vor dem Aus. Zwar war er den inhaltlichen Aufgaben seines Berufes durchaus gewachsen, aber er scheiterte offenbar immer wieder am Zwischenmenschlichen. Ständig bekam er Probleme mit seinen Chefs. Meist fand er sie anfangs ganz toll. Bis er dann – oft gar nicht absichtlich – ihre Kompetenz in Frage stellte.

Manchmal arbeitete er bis zu sechzig Stunden in der Woche, letztlich auch um die Anerkennung seines Vorgesetzten zu erhalten. Hatte er den Eindruck, sein Engagement würde trotzdem nicht richtig geschätzt, kam es regelmäßig zu Zerwürfnissen mit seinen Chefs. Was letztlich zu seinem Rausschmiss oder zur eigenen Kündigung führte.

Mittlerweile ahnte er, dass es mit seinem Vater zu tun hatte. Offenbar war er immer noch auf der Suche nach der väterlichen Anerkennung, die er aber bei seinen Vorgesetzten nicht in der erhofften Form finden konnte. Sein Vater war als selbstständiger Unternehmer sehr erfolgreich gewesen, hatte jedoch nie wirklich Zeit für seinen Sohn. Er vermittelte ihm früh, dass das Wichtigste im Leben Erfolg, Geld und sozialer Status waren. Doch gleichzeitig vermittelte er seinem Sohn, dass »du das nie schaffst«, dass »du das nie hinkriegst«. In seiner Pubertät kam es zu heftigen Rivalitäten mit dem Vater, er ging aber immer als gefühlter Verlierer vom Platz. Insgeheim hatte er auch heute noch eine Stinkwut auf seinen Vater, obwohl dieser bereits vor ein paar Jahren an einem Herzinfarkt verstorben war.

Immer wieder verausgabte er sich auf seiner Arbeitsstelle so sehr, dass er abends nur noch mithilfe von Alkohol Ruhe fand. Er war extrem perfektionistisch. Egal, wie gut er eine Aufgabe löste, nörgelte er dennoch insgeheim an sich selbst herum. Er hatte den Eindruck, dass in ihm eine Instanz die Oberhand hatte, die er selbst scherzhaft »Richter Gnadenlos« nannte. Dieser unbarmherzige innere Antreiber verurteilte alles, was er anpackte: »Passt nicht!«, »Reicht nicht!«, »Genügt nicht!«. Genau in solchen Momenten kamen die Probleme mit den Chefs dazu, die ihm sein inneres Erleben von Unvermögen zu bestätigen schienen.

Ein weltlicher Richter hätte in seinem Urteil zumindest sein ehrliches Bemühen gewürdigt und auf mildernde Umstände oder gar Freispruch plädiert. Sein innerer neurotischer Richter kannte jedoch keine Barmherzigkeit und verurteilte ihn immer wieder als »ewigen Versager«.

Ihm wurde zunehmend klar, dass sich seine Probleme zwar im Außen – am Arbeitsplatz – zeigten, dass er die Lösung aber nur in sich selbst finden konnte.

Er verstand, dass er eigentlich noch immer gegen seinen Vater ankämpfte und dieser Kampf sich in der inneren

Auseinandersetzung mit seinem »Richter Gnadenlos« wider-spiegelte. Erst wenn er selbst innerlich in Frieden war und sich selbst so lassen konnte, wie er nun mal war, würde er auch in seiner Arbeit besser klarkommen. Er beschloss, sich auf den Weg der inneren Aussöhnung zu machen. Seine größte Sehnsucht war es, mit sich selbst gnädiger umgehen zu können, um ein gelasseneres und zufriedeneres Leben zu führen. Ja, er war sich klar, dies war der einzig mögliche Weg, den es für ihn gab.

Im Grunde genommen leiden wir als Erwachsene nicht mehr an dem, was uns in der Kindheit an liebevoller Zuwendung und wohlwollender Wertschätzung gefehlt hat. Vielmehr leiden wir heute daran, dass wir an unseren alten reaktiven Bewältigungsstrategien, die uns damals halfen, über die Runden zu kommen, festhalten. Solange wir uns weiterhin an die alten Muster des gewohnten Wahrnehmens, Denkens und Handelns klammern, werden wir innerlich unfrei sein und immer wieder das alte Drama reinszenieren. Indem wir uns mit unserem Gewordensein aussöhnen, werden wir frei für eine neue Weise des Seins und öffnen uns somit für das Potential unseres eigenen Werden-könnens.

Die Leidformel

Bettina wuchs in einer Pflegefamilie auf. Ihre eigene Mutter hatte sie nach der Geburt im Krankenhaus zurückgelassen, da sie sich aufgrund ihrer Drogensucht nicht in der Lage sah, ein

Kind großzuziehen. Bettina wusste zeitlebens nicht, wer ihr biologischer Vater war. Zwar hatte sie Glück, da sie in der Pflegemutter eine fürsorgliche Erzieherin fand, doch ihr tiefer Verlassenheitsschmerz sollte sie ein Leben lang begleiten: »Meine Mutter hat mir zwar das Leben geschenkt. Doch sie hat mir nicht vermittelt, dass ich als ein wirkliches Geschenk auch willkommen war.«

Fünfzig Jahre lang rang Bettina mit diesem emotionalen Schmerz. Im Sternzeichen Löwe geboren, kämpfte sie wie ein solcher gegen diese seelische Wunde, gegen ihren Verlassenheitsschmerz an. Manchmal war es ihr, als ob ihr eigenes Herz zerriss, und sie brüllte gegen diesen Schmerz an. Warum gerade ich? Jahre ihres Lebens rannte sie dagegen an. Phasenweise floh sie vor ihm, indem sie sich mit Überessen »wegmachte«. Manchmal ballte sie die Fäuste und schlug auch gegen Türen. »Warum ausgerechnet ich?«, schrie es in ihr.

Nun stand ihr fünfzigster Geburtstag vor der Tür. »Fünfzig Jahre Verlassenheit sind kein Grund zum Feiern«, dachte sie sich.

Doch es ließ ihr keine Ruhe. Im Grunde sehnte sie sich nach einem Neuanfang. Sie suchte – und sie fand! Sie fand eine Antwort auf ihre Frage in Form einer mathematischen Gleichung. Die Leidformel! Als sie diese zum ersten Mal schwarz auf weiß vor sich sah, wusste sie, dies war die einfachste Zusammenfassung ihres bisherigen Lebens:

Leid = Schmerz x Widerstand.

Ihr wurde schlagartig bewusst, dass diese Formel nicht nur eine Beschreibung ihres leidvollen Lebensweges war, sondern gleichzeitig auch die Lösung lieferte. Ihr Leid setzte sich zusammen aus dem emotionalen Schmerz sowie dem Kampf, den sie jahrelang dagegen führte. Der Verlassenheitsschmerz gehörte nun mal zu ihr. Sie konnte ihn nicht ungeschehen machen. Aber sie hatte es selbst in der Hand, wie viel Widerstand sie diesem Schmerz entgegenbrachte. Sie erinnerte sich, dass sie in den Zeiten ihres Lebens, in denen sie maximal dagegen angekämpft hatte, auch maximal gelitten hatte.

Die Lösung lag also auf der Hand: Indem sie diesen Verlassenheitsschmerz mehr und mehr als zu ihrem Leben gehörig annehmen konnte, sich damit aussöhnen konnte, desto weniger würde sie an der Tatsache, als Neugeborenes verlassen worden zu sein, leiden. Kurz vor ihrem fünfzigsten Geburtstag traf sie eine Entscheidung: Sie war entschlossen, den alten Kampf zu beenden. Sie war bereit, ja zu sagen zu ihrem schicksalhaften Start ins Leben. Symbolisch löste sie die geballten Fäuste und öffnete stattdessen ihre ausgebreiteten Handinnenflächen nach oben – es war der körperliche Ausdruck einer neuen Lebenshaltung. Sie verstand: Solange sie die Faust ballte und kämpfte, konnte sie nicht wirklich annehmen. Nun, da sie bereit war, die Hände zu öffnen, konnte sie auch sehen, dass sie auf unterschiedlichste Weise reich beschenkt worden war. Ihr wurde bewusst, wie viele gute Lebensbegleiter sie in den vergangenen Jahren an ihrer Seite hatte. Außerdem hatte sie wohl einen treuen Schutzengel, der sie davor bewahrt hatte, sich selbst größeren Schaden zuzufügen.

Ihr Entschluss stand fest: »Ja, ich werde ein Fest feiern. Ja, ich werde meinen fünfzigsten Geburtstag zu einem Neuanfang machen. Ich brauche mich nicht mehr verlassen fühlen, wenn ich mich selbst nicht verlasse. Ich werde darauf achten, gut mit mir verbunden zu bleiben. Aus dieser inneren Anbindung heraus werde ich mein zukünftiges Leben gestalten. Ich möchte achtsam und liebevoll mit mir selbst umgehen. Wenn meine alte Verlassenheitswunde schmerzt, werde ich diese fürsorglich versorgen. Aber diese alte Wunde wird mich nicht mehr daran hindern, ein gutes Leben zu leben.«

Heilraum Natur

Eva war gerade mal acht Jahre alt, als es passierte. Es war ein kalter Tag im November, draußen im Garten lag bereits Schnee. Auch wenn das Geschehene bereits mehr als vierzig Jahre zurückliegt, kann sie sich auch heute noch an alle Details genau erinnern. Als sie mittags von der Schule nach Hause kam, ahnte sie bereits beim Anblick des Elternhauses, dass etwas geschehen war, was das Leben ihrer Familie für immer verändern würde. Die Mutter empfing sie weinend an der Tür: »Papa ist tot.« Erst später erfuhr sie, dass er sich das Leben genommen hatte.

Ein Schock für sie und die ganze Familie! Auch wenn alle schon längere Zeit wussten, dass der Vater krank war, traf sie diese Nachricht doch mit voller Wucht. Immer wieder stellte sie sich die gleichen Fragen: Warum hatte er es getan? Hätte man es verhindern können? Lag es an den ständigen Streitigkeiten der Eltern? Oder waren es die finanziellen Nöte infolge des Hausbaues und der Arbeitslosigkeit des Vaters? Wäre es nicht passiert, wenn man ihm nur rechtzeitig die notwendige Hilfe hätte zukommen lassen? Offene Fragen, die keine Antworten mehr fanden.

Neben dem Verlust des Vaters war für Eva besonders schlimm, dass sie in der Familie keinen Trost finden konnte. Die Atmosphäre war durch Schuldgefühle, Schuldzuweisungen und gegenseitige Vorwürfe vergiftet. Eva verbrachte mehr und mehr Zeit im Garten und zunehmend auch im nahen Wald. Hier in der Natur schien es ihr, als ob die Blumen und Bäume ihr zuhörten und sie trösteten.

Es war ihr so, als ob die Pflanzen und Tiere sie verstünden und ihr ein tiefes Schöpfungswissen offenbarten: Niemand trägt eine Schuld. Der ewige Kreislauf des Lebens ist ein fortwährendes Kommen und Gehen.

Sie fand darin nicht nur Trost, sondern eine tiefe Verbundenheit zu den natürlichen Wesen in Garten und Wald, die ihr Freund und Freundin wurden. In ihrem weiteren Leben sollte sich diese Verbundenheit noch viele Male als schützende Kraftquelle erweisen.

Der Sufi-Mystiker Rumi drückt auf seine Weise Ähnliches aus: ›Jenseits von richtig oder falsch gibt es einen Ort, dort können wir uns wahrhaft begegnen.‹ Vielleicht kann dieser Satz in etwas abgewandelter Form auch lauten: Jenseits von Schuld und Unschuld gibt es einen Ort, wo wahrer Friede möglich ist.

SELBSTLIEBE IST ... EIN WIRKLICHES INTERESSE FÜR SICH SELBST ENTWICKELN

Eine Liebesgeschichte zwischen zwei Menschen beginnt immer damit, dass sich die beiden füreinander interessieren. Aber auch gute Freundschaften können nur dann entstehen, wenn zwei Menschen ein Interesse für den jeweilig anderen entwickeln. Wenn ich ein wirkliches Interesse für einen anderen Menschen habe, so höre ich ihm zu. Wenn er spricht, unterbreche ich ihn nicht. Ich bin offen, neugierig und habe die innere Haltung, dass es wichtig ist, dem anderen zuzuhören, um ihn zu verstehen.

Das Wort »inter-esse« meint wörtlich übersetzt »inmitten-sein«. Wer ein wirkliches Interesse für einen anderen Menschen hat, ist voll mit dabei. Er ist ganz präsent. Er ist ganz da, ganz Ohr für den anderen. Es gibt nichts, was gerade wichtiger wäre. Das Objekt des Interesses bekommt die volle, uneingeschränkte Aufmerksamkeit.

Wenn ich mich für jemanden interessiere, will ich ihn verstehen, ohne ihn verändern zu wollen. Dies ist eine entscheidende Qualität von Liebe: Liebe will den anderen verstehen, will ihn nicht verändern. Ich wünsche Ihnen die Erfahrung, dass ein anderer Mensch ein wirkliches Interesse für Sie hat und Sie sich von diesem Menschen ganz und gar gesehen fühlen. Ich wünsche Ihnen die Erfahrung, dass Sie sich in den Augen eines anderen Menschen vollkommen wahrgenommen fühlen und dass Sie seinen Wunsch spüren, Sie zu verstehen. Verstehen führt zu Mitgefühl. Vielleicht erinnern Sie sich für einen kurzen Moment an solche Situationen in Ihrem Leben, bei denen ein Mensch Ihnen sein wirkliches Interesse entgegengebracht hat – wie haben Sie sich dabei gefühlt? Womöglich wird Ihnen ganz warm ums Herz, oder Sie empfinden ein tiefes Gefühl von Verbundenheit, von Geborgenheit und Wohlwollen. Was auch immer Sie erinnern, es ist eine Erfahrung von Geliebtsein.

Der Weg der Selbstliebe beginnt ebenfalls damit, dass ich mich für mich selbst interessiere. Schenke ich mir selbst wohlwollendes Interesse, dann ist dies die Grunderfahrung von Selbstliebe: Mich selbst verstehen wollen, wie ich gerade bin, ohne mich anders haben zu wollen. Ich mache mir dadurch das größte Geschenk, das es gibt: Ich nehme mir Zeit, mir mit einem offenen Herzen zu begegnen. Ich schenke mir selbst die Erfahrung von Verbundensein, von Geborgenheit und Wohlwollen.

Natürlich könnte man einwenden, dass es nicht geht, den ganzen Tag so zu leben, als ob es nichts Wichtigeres gäbe, als nur sich selbst zu verstehen. Ich möchte Sie jedoch ermutigen, sich immer wieder Zeit zu nehmen, um sich selbst wirklich zu begegnen. Ich sage nicht, dass Sie das jederzeit tun sollen, aber tun Sie es immer wieder und immer öfter. Ich wünsche Ihnen von ganzem Herzen, dass Sie sich an jedem Tag Ihres Lebens Momente gönnen, in denen Sie sich nach Ihrem eigenen Befinden erkundigen. Sie könnten etwa eine fünfminütige Pause zwischen zwei Terminen einlegen und sich selbst einige der folgenden Fragen stellen: Was ist in mir gerade lebendig? Was fühle ich gerade? Was bewegt mich jetzt? Wie geht es mir im Moment? Was brauche ich, um gut da sein zu können? Was ist jetzt wichtig für mich?

Stellen Sie sich im Umkehrschluss eine Partnerschaft oder eine Ehe vor, in der sich die beiden nicht mehr füreinander interessieren. Die Folge ist eine zunehmende Entfremdung, die Liebe stirbt, und die jeweiligen Partner suchen sich womöglich Ersatzstrategien, um Ihren Hunger nach Liebe und Zugehörigkeit auf andere Weise zu stillen. Irgendwann wird es wahrscheinlich eine handfeste Beziehungskrise geben. Diese kann wiederum beiden die gegenseitige Entfremdung erst richtig bewusst machen und die Chance für eine Neubelebung der Beziehung bieten.

So auch mit Ihnen: Haben Sie aufgehört, sich selbst nach Ihrem eigenen Befinden zu befragen, werden Sie sich nach und nach fremd. Je mehr Sie sich selbst entfremden, desto größer ist die Gefahr, dass Sie sich in Ersatzhandlungen (zu viel Arbeit, Süchte, Überessen und so weiter) flüchten. Auch Sie werden früher oder später in eine Krise kommen, die sich etwa körperlich oder seelisch zeigen kann. Aber auch hier liegt die Chance für einen Neubeginn. Womöglich erkennen Sie in einem solchen Moment Ihres Lebens, wie sehr Sie sich zuletzt vernachlässigt haben, die Beziehung zu Ihrem Körper verloren haben, sich dadurch selbst beschädigt oder gar verletzt haben.

Eine Krise ist immer eine Gelegenheit, innezuhalten und sich zu fragen: ›Ergibt das, was ich gerade tue und wie ich gerade lebe, einen Sinn für mich? Erfüllt es mich noch? Macht es mir Freude?‹ In solch einer Situation wieder neu Interesse zu entwickeln kann bedeuten, dass Sie sich auf Ihre Sehnsüchte, Ihre Bedürfnisse, Ihre Gaben, Ihre Gefühle, Ihr wahres Menschsein besinnen. Es kann sein, dass Sie dabei entdecken, dass in Ihnen so viel mehr an Ideen, an Potential, an Ressourcen steckt, als Sie bisher wahrgenommen haben.

Ich wünsche Ihnen für sich selbst die Augen eines Naturforschers – und nicht den Blick eines Dompteurs. Der Dompteur versucht, ein bestimmtes Tier zu dressieren, es zu benutzen, es zu etwas zu bewegen, was gegen dessen eigentliche Natur ist (etwa einen Löwen durch einen brennenden Reifen springen lassen). Dafür setzt er ihn unter Druck, belohnt oder bestraft ihn – je nachdem, wie sich der Löwe verhält. Ein Naturforscher hingegen will den Löwen nicht verändern, sondern seine wahre Natur verstehen. Er ist geduldig, wohlwollend, beobachtend. Er interessiert sich für die Lebensbedingungen eines Löwen, dessen Vorlieben und sein natürliches Sein. Ihn interessieren Fragen wie: Welche Bedingungen braucht ein Löwe, um sich wohl zu fühlen? Wovor hat er Angst? Was erhält ihn gesund? Ein Naturforscher will die Vielfalt von Flora und Fauna kennenlernen.

Nur das, was wir kennen, können wir letztlich auch lieben.

Ich wünsche Ihnen einen solch offenen, geduldigen und wohlwollenden Blick auf sich selbst. Einen weichen Blick, der verstehen möchte, ohne Sie anders haben zu wollen, als Sie jetzt gerade eben sind. Der christliche Mystiker Meister Eckhart hat dies so ausgedrückt: »Richte dein Augenmerk auf dich selbst, und da, wo du dich findest, da lasse dich.« Eine Patientin, die zu uns in die Klinik kam, hat es in ihren eigenen Worten so formuliert: »Ich will lernen, mich in Ruhe zu lassen.« In dieser Haltung des Sich-selbst-begegnen-Wollens und des Sich-lassen-Könnens ist der Boden bereitet für ein gelassenes Leben.

Im Alltagsstress

Vor Kurzem traf ich mich mit einem Studienfreund, der in München eine Hausarztpraxis betreibt, zum Abendessen.

Dabei schilderte Thomas mir ein Patientengespräch, das er an diesem Tag in seiner Praxis geführt hatte:

»Herr Doktor, ich fühle mich schlecht.«

»Was fehlt Ihnen denn?«

»Ich weiß gar nicht so genau. Ich fühle mich einfach seit Längerem nicht gut.«

»Ich meine, was haben Sie denn für Beschwerden?«

»Es ist so diffus. Ich hab' ein generelles Unwohlsein und fühle mich irgendwie schlecht.«

»Erzählen Sie mir doch mal, wie Ihr Tagesablauf so aussieht.«

»Ach Herr Doktor, eigentlich nichts Besonderes. Morgens geht's zeitig zur U-Bahn, um pünktlich im Büro zu sein. Auf der Arbeit geht es dann von früh bis abends durch, ohne Punkt und Komma. Hab' kaum Zeit, in der Kantine was zu Mittag zu essen. Wenn ich spätabends heimkomme, esse ich noch was Schnelles, bevor ich mich dann an den Computer setze und noch meine E-Mails checke. Dann schaue ich noch, was so im Fernseher läuft, bevor ich gegen elf todmüde ins Bett falle.«

»Mein Lieber, dann ist es ja kein Wunder: Sie fühlen sich nicht nur schlecht – Sie fühlen sich ja gar nicht mehr.«

Mein Freund schilderte mir, wie er seinen Patienten im weiteren Gesprächsverlauf darauf aufmerksam machen wollte, dass er angesichts seines vollen Tagespensums ja gar keine Zeit mehr fand, um sich selbst wahrzunehmen, sich selbst zu spüren, sich selbst zu fühlen – und dass somit seine Lebensführung entscheidend zu seinem schlechten Befinden beitrug.

Wir fühlen uns dann gut, wenn wir uns auch gut fühlen. Dies ist aber nur möglich, wenn wir uns Zeit nehmen, um mitzubekommen, wie es uns gerade geht und was wir wirklich brauchen. Wir fühlen uns schlecht, wenn wir uns selbst nicht wichtig, nicht ernst genug nehmen, um wirklich nach uns selbst zu schauen. Nehmen wir alles andere wichtiger als unser eigenes Wohlergehen, werden wir uns auch in unserer eigenen Haut nicht mehr wohl fühlen.

Angesichts eines stressigen Alltags neigen viele dazu, sich gar keine Pausen mehr zu gönnen, in denen Sie in sich hineinspüren:

Wie fühlt sich mein Körper gerade an? Bin ich entspannt oder angespannt? Signalisiert mir mein Körper ein Ruhebedürfnis oder bräuchte ich etwas Bewegung? Wäre mir heute noch nach einem guten Gespräch oder nach etwas frischer Luft? Wie geht es mir emotional? Was beschäftigt mich gerade? Was ist mein eigentliches Bedürfnis?

Unsere Gedanken sind oftmals woanders als da, wo wir gerade sind. Wir fühlen uns gestresst. Wie sehr unser Geist und unser Körper voneinander getrennt sein können, berichtete mir neulich eine berufstätige Mutter von drei Kleinkindern.

Die ganze Familie fuhr mit dem Wagen in ein großes Einkaufszentrum. Während ihr Mann einen Parkplatz suchte, stürzte sie sich mit den Kindern bereits in den Großeinkauf. Als ihr Mann in der Lebensmittelabteilung wieder auf sie stieß, fragte sie entsetzt, ob er die jüngste Tochter Mona denn im Auto habe sitzen lassen. Daraufhin antwortete ihr verwunderter Gatte: »Du trägst Mona doch gerade selbst auf dem Arm!«

In der Hast und der Eile des alltäglichen Lebens laufen wir Gefahr, als abwesende Kopffüßler ohne wirkliche Körperpräsenz durch unser Leben zu hetzen.

Sich für sich selbst interessieren bedeutet als Erstes zu lernen, wie wir im Alltag langsamer machen können, um uns selbst wieder wahrzunehmen, uns selbst und unseren Körper zu spüren.

Der Selbst-Entwickler

Abend für Abend wiederholte sich das gleiche Schauspiel: Nachdem Werner zu Hause angekommen war, dauerte es keine fünf Minuten, bis er seinen dreizehnjährigen Sohn Timo anbrüllte. Während er sich als selbstständiger Malermeister und Inhaber eines mittelständischen Betriebes tagtäglich für seine Firma aufrieb, hatte sein Sohnemann offensichtlich nichts Besseres zu tun, als permanent am Handy herumzuspielen, anstatt seine Hausarbeiten zu erledigen.

Werner fühlte sich durch das Verhalten seines pubertierenden Sohnes massiv provoziert. Die Atmosphäre zwischen den beiden war regelrecht vergiftet. Ständig gab es Streit um Timos schulische Leistungen oder sein aufmüpfiges Verhalten. Werner war sich im Klaren, dass es so die nächsten Jahre nicht weitergehen könne, das würde er nervlich nicht packen.

Er vertraute sich einem befreundeten Berufskollegen an, der ihm begeistert von einem Seminar zur Persönlichkeitsentwicklung erzählte. Werner meldete sich noch am gleichen Tag für das nächste Seminar an.

»Es war der Wendepunkt in meinem Leben«, berichtet Werner heute über seine persönlichen Veränderungen in den vergangenen zwei Jahren. »Mir fiel es wie Schuppen von den Augen, dass sich meine Gedanken nur noch um die wirtschaftliche Entwicklung meines Betriebes und die schulische Entwicklung meines Sohnes, den ich als meinen Nachfolger vorgesehen hatte, gedreht haben. Meine eigene Entwicklung spielte dabei keine Rolle mehr.« Während des Seminars war auf einer Folie in roten Buchstaben das Wort »Selbst-Entwicklung« zu lesen. Werner wurde klar, wie sehr er sich vom stressigen beruflichen Alltag »eingewickelt« fühlte und dass er kaum noch Luft zum Durchatmen fand.

Er erkannte, dass er zudem in traditionellen Vorstellungen »verwickelt« war: Er war für das Gedeihen des elterlichen Betriebs verantwortlich und würde ihn dann eines Tages an seinen Sohn weitergeben. Zum ersten Mal in seinem Leben begann er, sich mit Fragen zu beschäftigen, die er sich so noch nie gestellt hatte: Was treibt mich an? Was ist meine Leidenschaft? Wie möchte ich meine nächsten Jahre gestalten?

Alles schien bisher wie vorbestimmt, vorprogrammiert zu sein. Werner beschloss nun, sich beruflich frei zu schwimmen. Er begann betriebsintern einen Stellvertreter aufzubauen, der womöglich in fünf bis sechs Jahren den Betrieb übernehmen könnte. Er selbst nahm sich jede Woche einen freien Tag und begann Golf zu spielen. Am meisten genoss er dabei, andere Menschen kennenzulernen und dadurch wieder neue Impulse zu bekommen. Irgendwann hatte er die Idee, binnen eines Jahres zwölf Kilogramm abzunehmen und regelmäßig körperlich zu trainieren, um den Kilimandscharo besteigen zu können. Noch heute glänzen Werners Augen, wenn er davon erzählt, wie umwerfend es für ihn war, den Sonnenaufgang am Gipfel des höchsten Bergs von Afrika zu erleben.

Interessanterweise entspannte sich das Verhältnis zu seinem Sohn nach und nach wie von selbst. So können Werner und Timo heutzutage sogar richtig Spaß miteinander haben. Seine allabendlichen Brüllattacken gehören schon längst der Vergangenheit an. Werner hat verstanden, dass Timo ganz andere Bedürfnisse hat als er selbst. Und es ist ihm klar geworden, dass es in Bezug auf seinen pubertierenden Sohn mehr um Beziehung als um Erziehung geht. Mittlerweile ist es für ihn auch wirklich in Ordnung, sollte er seinen Betrieb verkaufen und Timo ganz eigene berufliche Wege gehen. Doch bevor er Timo dies zugestehen konnte, musste Werner sich selbst ent-wickeln.

Im Übrigen freut er sich sehr auf seinen weiteren persönlichen Weg, da er noch so viele Ideen hat, wie er sein eigenes Leben gerne gestalten möchte.

Begegnung auf dem Radweg

Gelegentlich fahre ich mit dem Fahrrad zur Arbeit, auch wenn es mehr als zwanzig Kilometer Wegstrecke sind. An solchen Tagen genieße ich es gewöhnlich, entlang der Iller Richtung Oberstdorfer Berge zu radeln. Welch' ein Genuss, morgens das Erwachen der Natur mitzuerleben und mich schon ganz wach und lebendig zu fühlen! An einem Morgen war ich besonders schwungvoll unterwegs, und ich sah schon von weitem vor mir auf dem Radweg drei Frauen mit Nordic-Walking-Stöcken nebeneinander hergehen. Da sie auf diese Weise die ganze Breite des Radweges einnahmen, klingelte ich, um mir Platz zum Vorbeiradeln zu schaffen. Die Damen unterhielten sich sehr angeregt und hörten mich offensichtlich nicht, sodass ich ein zweites Mal klingeln musste und gleichzeitig »Vorsicht, Radfahrer!« rief.

Leider wieder gänzlich ohne Erfolg. Da mir die Fahrbahn versperrt blieb, sah ich mich gezwungen, scharf abzubremsen, um schließlich mein Fahrrad an den dreien vorbeizuschieben. Dabei konnte ich es mir doch nicht verkneifen, die Nordic-Walking-Damen darauf aufmerksam zu machen, dass dies ein Radweg sei. Schließlich kam es zu einem kurzen, aber harschen Wortwechsel, bevor ich anschließend weiterradeln konnte.

Aber ich spürte, wie es weiter in mir brodelte. Beim Weiterradeln bedachte ich die drei völlig uneinsichtigen »Bremsklötze« in meinen Gedanken mit unschönen Schimpfwörtern, die ich Ihnen an dieser Stelle gerne ersparen möchte. Kurz darauf bemerkte ich, dass ich mir Vorwürfe machte und mich innerlich dafür verurteilte, dass ich so aufgebracht reagiert hatte. So eine banale Situation hätte man doch viel souveräner lösen können!

Da mir der Vorfall nicht aus dem Kopf gehen wollte, wurde mir klar, dass es an der Zeit war, innezuhalten. Ich stellte bei nächster Gelegenheit mein Fahrrad ab und setzte mich auf eine Holzbank an der Iller. Ich schloss die Augen und lenkte meine Aufmerksamkeit nach innen. Welche Körperempfindungen, welche Gefühle, welche Gedanken waren da in mir?

Letztlich stieß ich auf einiges, was aber mit den Nordic-Walke-rinnen rein gar nichts zu tun hatte. Ich hatte mir für den heuti-gen Tag schlicht und ergreifend viel zu viel vorgenommen. Ich war schon frühmorgens unter Druck und wollte heute beson-ders schnell radeln, um vielleicht zehn Minuten früher mit der Arbeit beginnen zu können.

Mich so erforschend, konnte ich mich fragen, was ich denn jetzt bräuchte, um mich wieder entspannter zu fühlen. Ich be-schloss, Prioritäten zu setzen und meinen heutigen Arbeitsab-lauf umzuorganisieren. Ich spürte, wie ich wieder ruhiger und gelassener wurde. Schließlich verflog der Ärger über meine drei Weggefährtinnen vollständig und ich konnte ihnen sogar innerlich danken, dass Sie mich unfreiwillig darauf aufmerk-sam gemacht hatten, wie wenig ich in meiner eigenen Mitte war.

Auch mir selbst konnte ich wieder freundlich begegnen, da ich doch nur einem alten Muster in mir gefolgt war. Ich hatte mir mal wieder zu viel vorgenommen und dadurch mich selbst daran gehindert, die Herrlichkeit des gegenwärtigen Momentes zu genießen. Ich entschloss mich, bewusst langsa-mer weiterzuradeln, um intensiver die Schönheit und Frische dieses neu anbrechenden Tages in mir spüren zu können.

Freude sabotieren

Im Laufe unserer Kindheit haben uns unsere Eltern, Erzieher und Lehrer ihre eigenen Vorstellungen und Glaubenssätze tagtäglich durch ihr Verhalten vorgelebt. Beruhten diese Vorstellungen – aufgrund eigener negativer Erfahrungen – eher auf entmutigenden oder sogar lebensverneinenden Überzeugungen, war dies eine bittere Medizin, die wir Tag für Tag eingeträufelt bekommen haben. Ängstigende Sätze wie »Wer zu sehr über die Stränge schlägt, den bestraft das Leben« oder drohende Botschaften wie »Du wirst schon noch sehen, was du von deinem Leichtsinn hast« können sich tief in unser Unbewusstsein eingraben.

Solche Droh-Botschaften nehmen uns auf unserer Lebensreise schon früh den Wind aus den Segeln. Wir befürchten schon im Vorhinein: Immer wenn es schön werden könnte, wird es gefährlich. So sorgen wir selbst dafür, dass eine sich anbahnende Freude – wie von unsichtbarer Hand gelenkt – sabotiert wird.

Wie sehr sich solche Botschaften Jahre später unbewusst in Paarbeziehungen auswirken können, erzählt folgende Begebenheit:

Klaus und Marion lebten schon seit mehreren Jahren als kinderloses Paar in München zusammen. Von der Ehe seiner eigenen Eltern hatte Klaus mitbekommen, wie sehr der Vater unter der dominanten, wortgewaltigen Gattin litt und sich immer wieder gekränkt zurückzog. Marion hingegen hatte miterlebt, wie ihre Mutter von ihrem untreuen Ehemann enttäuscht wurde und wie sehr sie darüber verbittert war. In beiden Herkunftsfamilien schien eine Partnerschaft allenfalls eine Zweckgemeinschaft zu sein, jedoch kein Ort, an dem man sich freudig aufgehoben fühlen konnte. Diese Prägungen ihrer Kindheit lebten in Klaus und Marion unbewusst fort.

An einem strahlenden Sonntagnachmittag überlegten sie, zur nahe gelegenen Auer Dult, einer kleinen, aber sehr stimmungsvollen Münchner Kirmes zu gehen. Klaus freute sich auf eine leckere Brotzeit, und Marion hatte Lust auf eine Runde mit dem Kettenkarussell. Beide waren sich also schnell einig, dass sie dorthin wollten. Während Klaus jedoch mit dem Fahrrad los wollte, bestand Marion darauf, mit der U-Bahn zu fahren.

Schließlich verhakten sie sich an diesem Punkt derart, dass am Ende die Türen flogen und sich jeder der beiden genervt zurückzog. Klaus fühlte sich darin bestätigt, dass Marion ihm nicht zuhören würde, und Marion fühlte sich von Klaus nicht ernst genommen. Jeder der beiden war subjektiv davon überzeugt, dass der jeweils andere Schuld daran hatte, dass es wieder mal dicke Luft in ihrer Beziehung gab.

Vielleicht kennen Sie solche Situationen, in denen Sie denken: »Wenn doch nur der andere mich verstehen würde, mich wirklich sehen würde ...«

Der Selbstliebende wartet in einer partnerschaftlichen Beziehung nicht darauf, dass sich sein Gegenüber ändert. Sondern er entscheidet sich dafür, sich selbst tiefer zu verstehen, er interessiert sich in einer solchen Situation für seinen eigenen Anteil am gemeinsamen Sabotageprogramm: Was ist mein eigener Beitrag zum aktuellen Konflikt? Spiegelt der Partner mit seinem rechthaberischen Verhalten womöglich einen eigenen, ungeliebten Aspekt meiner Persönlichkeit wider? Ist vielleicht das eigene destruktive Muster von Gekränktsein und Rumnörgeln noch immer aktiver, als mir eigentlich lieb ist?

Sich selbst lieben heißt, sich in einer solchen Situation mit klarem, aber wohlwollendem Blick zu betrachten. Wer sich selbst innerlich wieder milde zulächeln kann, dem fällt es auch leichter, den Partner wieder mit weichen Augen zu sehen. Der kann auch damit einverstanden sein, dass es für ihn dank des Partners gerade eine wichtige Lektion zu lernen gilt. Wieder und immer wieder.

Ja, aber ...

Claudia hatte den Eindruck, dass sie und ihre Eltern in zwei verschiedenen Welten lebten.

Sowohl ihr Vater als auch ihre Mutter wurden in den 1930er-Jahren im nationalsozialistischen Deutschland geboren und erlebten noch am eigenen Leib den Zweiten Weltkrieg. Ihre Kindheit war geprägt von existenziellen Ängsten, starker Unsicherheit und Unfreiheit. Es herrschte große materielle Not, die Sorge um das Überleben der eigenen Familienangehörigen war allgegenwärtig. Während des Krieges gab es für ihre Eltern schlichtweg keinen Raum, um die eigenen Sehnsüchte zu verwirklichen. In der Nachkriegszeit ging es dann um den Wiederaufbau, und alle mussten mit anpacken, um wieder eine sichere materielle Lebensgrundlage zu erreichen.

Claudia hingegen wuchs in gedanklicher Freiheit und dem wirtschaftlich wiedererstarkten Deutschland der 1960er-Jahre auf. Wie ihre Altersgenossen wollte Claudia ihre Sehnsüchte nach Selbstentfaltung, Freiheit und Lebensfreude ausleben.

Claudia spürte, dass ihren eigenen Eltern diese Welt der Konsum- und Genussfreiheit fremd blieb. Sie fühlte sich von ihren Eltern unverstanden. Bemühte sie sich, durch Fleiß und Anstrengung dennoch die Anerkennung der Eltern zu bekommen, hörte sie immer wieder nur ein »Ja, aber ...«: »Ja, schon ganz gut, aber wir mussten in unserer Kindheit und Jugend ganz anders arbeiten.« Oder: »Ja, deine schulischen Leistungen sind ganz ordentlich, aber du könntest dich noch mehr anstrengen.« Claudia fühlte sich in den Augen ihrer Eltern unzulänglich, und Minderwertigkeitsgefühle begannen mehr und mehr an ihrem Selbstwertgefühl zu nagen.

Ohne es zu bemerken, hatte sich Claudia im Erwachsenenalter sowohl die elterlichen Wertvorstellungen von Sicherheit und Pflichterfüllung als auch deren hohe Maßstäbe zutiefst zu eigen gemacht. In allem, was sie tat und schuf, begegnete ihr immer wieder dieses »Ja, aber ...«: »Ich habe mir zwar mit meinem Fleiß eine gute berufliche Position erarbeitet, aber es reicht noch nicht.« Oder: »Ich habe mir mit meinem Ersparten eine Eigentumswohnung leisten können, aber das ist noch nicht gut genug.«

Sie erlebte ihr Leben als anstrengend und mühselig, und ihre ursprüngliche Sehnsucht nach Freiheit und Lebensfreude war ihr gänzlich abhandengekommen. Sie war unzufrieden und unglücklich. Mit Mitte vierzig beschloss sie, etwas zu ändern. Mithilfe einer Therapeutin begann sie nach und nach, sich selbst besser zu verstehen:

Das permanente »Ja, aber«-Gefühl stellte offenbar einen idealen Nährboden für ihre Minderwertigkeitsgefühle dar. Anstatt dagegen anzukämpfen, lernte sie nach und nach, diese Gefühle in ihrem tieferen Sinn als hilfreiche Wegweiser anzunehmen. Immer wenn sie in sich ein »Ja, aber« bemerkte und sich minder-wert-ig fühlte, nahm sie sich Zeit zu überprüfen, um welchen Wert es gerade ging. An welchen Wertvorstellungen nahm sie gerade Maß? Waren es ihre eigenen oder vielmehr die ihrer Eltern?

Sie begann sich mehr und mehr für ihre eigenen Wertmaßstäbe zu interessieren. Sie entdeckte dabei, dass sie sich eigentlich zutiefst mehr Freiheit wünschte. So entschied sie sich, ihre wöchentliche Arbeitszeit zu reduzieren, um mehr Freiräume für ihre persönlichen Interessen zu haben – und nahm dafür den Gehaltsabschlag gern in Kauf. Ihr wurde klar, dass Lebensfreude für sie einen hohen Wert darstellte, und sie distanzierte sich zunehmend vom elterlichen Ethos der reinen Pflichterfüllung.

Sie entwickelte für sich ein inneres Bild: Ihre eigenen Wertvorstellungen waren darin wie ein Leuchtturm, der ihr half sich in ihrem Leben zu orientieren. Immer wenn sich die alten Minder-wert-igkeitsgefühle meldeten, überprüfte sie, ob sie sich gerade auch wirklich an *ihren* Werten orientierte. Bemerkte sie in solch einem Navigationsprozess, dass sie sich gerade wieder mal ganz schön weit von ihren eigenen Werten entfernt hatte, dann lernte sie auch, mit sich auf freundliche Weise umzugehen.

Der Weg der Selbstliebe hat viel damit zu tun, die eigenen Wertvorstellungen zu kennen, sich für die eigenen Werte einzusetzen und sie als Orientierungshilfe für sich selbst zu nutzen.

Es ist fünf vor zwölf. Die Uhr mit dem riesigen Ziffernblatt hängt am obersten Stockwerk eines gigantischen Wolkenkratzers. Darunter gähnt eine tiefe Straßenschlucht. Ich selbst halte mich mit letzter Kraft am Stundenzeiger dieser überdimensionierten Uhr fest, während tief unter mir der Straßenverkehr unablässig rollt. Eine Stimme aus dem Off ruft: »Lass los!« Doch ich habe Angst zu fallen.

Ich wache auf. Schon wieder habe ich diesen Traum geträumt, der an die berühmte Filmszene des Stummfilms »Safety Last!« erinnert. Nur bin ich es selbst, anstelle des Hollywood-Komikers Harold Lloyd, der dort oben an einer riesigen Turmuhr zappelt.

Ich war Anfang zwanzig, als ich diesen Traum in verschiedenen Variationen träumte. Ich weiß noch, wie befreiend es war, als schließlich aus der Angst zu fallen die Freude am Fliegen wurde. Ich ließ los und konnte im Traum durch die Häuserschluchten fliegen.

Damals konnte ich diesen Traum nicht mehr ignorieren. Zu eindringlich schien meine Herzensstimme zu sagen: »Lass los! Mach dich auf deinen Weg!« Zur damaligen Zeit arbeitete ich bei einer Bank und verkaufte Bundesschatzbriefe, Bausparverträge und Lebensversicherungen. In meinem Herzen spürte ich aber, dass diese Arbeit für mich nicht mehr stimmig war. Seit Monaten litt ich unter Schlafstörungen, und immer wieder tauchte dieser Traum in verschiedenen Abwandlungen auf. Tagsüber blickte ich bei der Arbeit immer wieder verstohlen aus dem Fenster. Ich wollte weg. Ich wusste aber nicht wohin. Ich war gerade dabei, in der Bank Karriere zu machen. Wieso sollte ich diese aufs Spiel setzen? Eine Vereinbarung, dank der ich mich auf Kosten meines Arbeitgebers durch den Besuch einer Bankakademie für höhere Aufgaben qualifizieren konnte, war vorbereitet. Ja, es war fünf vor zwölf! Ich funktionierte gut und machte in den Augen des Bankvorstandes einen guten Job. Doch ich spürte, dass ich vor allem Erwartungen anderer erfüllte und fremdbestimmt war. Meine Sehnsucht war eine andere: Ich wollte mein Leben nicht fremdgesteuert, sondern selbstbestimmt leben. Selbstbestimmt zu leben erforderte aber den Mut, der Stimme meines Herzens zu folgen. Im Traum sprach diese Stimme zu mir.

Endlich kündigte ich, mit weichen Knien. Ich weiß noch heute, was der Bankvorstand damals zu mir sagte: »Wenn's dem Esel zu wohl wird, geht er aufs Eis.« In seinen Augen war ich also ein Esel, solch ein verlockendes Karriereangebot auszuschlagen. Ein Teil von mir befürchtete, er könnte Recht behalten. Tief in meinem Inneren spürte ich jedoch genau, dass ich loslassen musste.

Dann drückte ich nochmals die Schulbank, um zunächst das Abitur nachzumachen. Die Schule befand sich in den Räumlichkeiten eines Klosters und im benachbarten Klosterladen fand ich, was ich suchte. Es war wie für mich vorbereitet – eine Graphittafel, auf der zu lesen war: »Träume nicht dein Leben, lebe deinen Traum!« Heute hängt diese Tafel im Eingangsbereich unseres Hauses, um mich immer wieder daran zu erinnern, der Stimme meines eigenen Herzens zu folgen.

»In unseren Träumen steckt unser Potential, klopft unsere tiefe Sehnsucht an die Tür der Verwirklichung.« Mögen die Worte von J. W. von Goethe auch Ihnen Mut machen, sich für Ihre Lebensträume zu öffnen und diesen nachzugehen.

Die Macht der inneren Einstellung

Mit großem Interesse verfolgte ich in den vergangenen Jahren wissenschaftliche Untersuchungen, die sich mit der Macht unserer inneren Einstellung beschäftigen. So stieß ich auch auf die Experimente der Harvardprofessorin Ellen Langer. Sie erforscht seit Jahrzehnten, wie sich unsere Art zu denken bis ins hohe Lebensalter auf unser eigenes Befinden, unser Wohlergehen, ja sogar auf unsere Lebenserwartung auswirkt. Ihre Forschungsergebnisse belegen, dass unser Selbstbild, also unsere eigenen mentalen Einstellungen über uns und unsere Möglichkeiten, extrem wirkmächtig ist.

So vermutete sie, dass die innere Einstellung älterer Menschen, für wie selbstwirksam und tatkräftig sie sich halten, sogar das Ticken ihrer biologischen Uhr wesentlich beeinflusst.

Um dies zu belegen, lud sie im Jahre 1979 in der sogenannten Counterclockwise-Studie eine Gruppe von männlichen Probanden im Alter zwischen Ende siebzig und Anfang achtzig für eine Woche in ein entlegenes Tagungshaus ein. Die Forscher hatten den Ort zuvor im Stile der ausgehenden 1950er-Jahre eingerichtet und drehten damit gewissermaßen die Uhren um zwanzig Jahre zurück. So lagen auf den Tischen Zeitschriften aus der damaligen Zeit und im Fernsehen liefen zeitgenössische Sendungen. Die Probanden wurden außerdem gebeten, sich so zu verhalten, als lebten sie Ende der 1950er-Jahre. Und siehe da: Innerhalb von nur einer Woche wurden die Senioren wieder viel aktiver! Sie, die sich zuvor daheim weitgehend von ihren Verwandten versorgen ließen, servierten nun selbst das Essen, räumten die Tische ab und wuschen das Geschirr.

In weiteren Testergebnissen zeigte sich, dass sich auch die Hör- und Merkfähigkeit der Studienteilnehmer verbessert hatte, arthritische Beschwerden nachgelassen hatten und sie in Seh- und Intelligenztests besser abschnitten. Das Fazit dieser Studie kann zusammenfassend so beschrieben werden, dass es weniger der Körper selbst, sondern vielmehr unsere mentale Einstellung zu unseren physischen Grenzen ist, die uns im Alter einschränkt.

Ellen Langer plädiert in ihren Forschungen immer wieder dafür, dass wir uns von unseren allzu einschränkenden Geisteshaltungen befreien.

Wir Menschen neigen dazu, uns selbst in einer reduzierten Weise wahrzunehmen. Infolgedessen nehmen wir aber auch die anderen auf eine reduzierte Weise wahr – und so reduziert sich das Leben wie von selbst. Denken wir beispielsweise von uns, dass wir nicht wirklich liebenswert sind, werden wir auch dazu neigen, in anderen nicht allzu viel Liebenswertes zu entdecken. Zudem bringen wir die anderen unbewusst dazu, sich uns gegenüber genau so zu verhalten. Man nennt so etwas eine selbsterfüllende Prophezeiung.

All unsere Bilder vom Leben, von uns selbst, von Mann- und Frausein, sind zu eng. Letztlich leiden wir an diesen engen Konzepten, die wir in unseren Köpfen tragen.

Wir können uns aus dieser geistigen Enge befreien, indem wir anders über uns und das Leben denken und bereit sind neue Erfahrungen zu machen. So werden wir uns tatsächlich auch anders empfinden und uns anders verhalten. Bewerten wir uns und unser Leben freundlicher, dann werden wir auch ein freundlicheres Leben führen.

Interessieren Sie sich daher für neue, bereichernde Erfahrungen mit sich und ihren Mitmenschen, dann können Sie sich selbst auf eine andere, neue Weise erleben.

SELBSTLIEBE IST … SICH SELBST GANZ UND GAR ANNEHMEN

Zu unserem Leben gehört immer beides: Helles und Dunkles, wie Tag und Nacht, Zeiten von Dürre und Fülle, wie Ebbe und Flut. Ebbe allein trocknet aus, Fülle allein überschwemmt. Das Leben braucht beides und im großen Ganzen ist keines gut, keines schlecht. Wir müssen einatmen und ausatmen, so ist der Rhythmus des Lebens. Ohne eines der beiden hört das Leben auf. Wir brauchen ein ganzes Ja zum Leben, ein tiefes Einverstandensein mit der Polarität des Lebens. Selbstannahme bedeutet somit, mich selbst in der Pendelbewegung, im Hin- und Herschwingen meines Lebens, ganz zu bejahen. Mit der Ganzheit meines Lebens mitschwingen. Da ist Helles und Dunkles. Da ist Fülle und Leere. Da ist Heiles und Verletztes.

Mich selbst damit anzunehmen, dass zu meinem Leben eben auch verletzliche Seiten, dunkle Stunden, trockene Zeiten gehören, ist ein wesentlicher Schritt auf dem Weg der Selbstliebe.

Wollen wir der dunklen oder der verletzlichen Seite unseres Lebens entfliehen, so wird sie uns verfolgen. Was wir bekämpfen, können wir nicht loslassen. Was wir annehmen, wird uns jedoch transformieren. Solange wir etwas in uns ablehnen oder bekämpfen, so lange ist kein Friede in uns. Erst wenn wir aufhören, gegen uns selbst zu kämpfen, werden wir Zu-frieden-heit erfahren.

Dazu möchte ich Ihnen einen sehr berührenden Text eines unbekannten Verfassers weitergeben:

> Ich bat um Stärke ... und das Leben gab mir Schwierigkeiten, um mich stark zu machen.
>
> Ich bat um Weisheit ... und das Leben gab mir Probleme, um sie zu lösen.
>
> Ich bat um Wohlstand ... und das Leben gab mir Kraft und Intelligenz, um zu arbeiten.
>
> Ich bat um Mut ... und das Leben gab mir Gefahren, um sie zu überwinden.
>
> Ich bat um Liebe ... und das Leben gab mir Menschen in Not, um ihnen zu helfen.
>
> Ich bat um einen Gefallen ... und das Leben gab mir Chancen.

> Ich bekam nichts von dem, was ich wollte …
> doch das Leben gab mir alles, was ich brauchte.

In dieser Haltung, in diesem Vertrauen kann ich mehr und mehr ja sagen, einverstanden sein mit dem, was das Leben mir gibt, was zu mir gehört, mich ausmacht.

Ja sagen zu *meinen* Grenzen, aber auch zu *meinen* Möglichkeiten.

Indem ich lerne, immer tiefer anzunehmen, kann ich mich auch körperlich tiefer entspannen. Ich muss mich nicht mehr verkrampfen, sondern kann mich dem Leben mehr und mehr vertrauensvoll hingeben.

Indem wir zu uns, zu unserem Leben mit aufrichtigem Herzen »Ja, es ist in Ordnung« sagen, beginnt etwas in uns, sich tief zu entspannen. Es entsteht eine Leichtigkeit, innere Blockaden lösen sich. Was vorher verhärtet war, kann weich werden. Was verschlossen war, darf sich öffnen. Was wir abgelehnt hatten, weil es uns Angst gemacht hat, kann jetzt umarmt werden. So entsteht Heilung und tieferes Vertrauen in das Leben.

Ich lade Sie ein, wahrzunehmen, wie es sich in Ihnen körperlich anfühlt, wenn Sie folgende Sätze sagen:

Ja, es ist in Ordnung, dass ich so aussehe, wie ich bin.

Ja, es ist in Ordnung, dass ich jetzt an diesem Punkt meines Lebens stehe, an dem ich gerade bin.

Ja, es ist in Ordnung, dass ich mein Leben nicht kontrollieren, nicht alles im Griff haben kann.

Ja, es ist in Ordnung, dass ich unvollkommen bin, dass ich Fehler mache.

Ja, es ist in Ordnung, dass zu meinem Leben Licht und Schatten gehören.

Eine neue Beziehung

Beinahe dreißig Jahre waren sie ein Paar gewesen. Dann entschied sich ihr Mann zu gehen. Seine neue Freundin war ein »ganz junges Ding«, was Gertrud noch mehr zu schaffen machte. Sie selbst, mit ihren 52 Jahren, war wohl in seinen Augen nicht mehr attraktiv genug. Seit zwei Jahren lebten sie in Trennung und noch immer schmerzte es sie sehr, dass er sie einfach so, sang- und klanglos, verlassen hatte. Zunächst hatte Gertrud noch gehofft, dass er wieder zu ihr zurückkomme. Sie hatte sich immer wieder mit den gleichen Gedanken selbst wehgetan: »Ich hab doch alles für ihn gemacht! Wie kann er mir das nur antun?«

Mittlerweile musste sie jedoch erkennen, dass es zuletzt auch von ihrer Seite keine Liebe mehr war. Geblieben war die Angst vor dem Alleinsein. Durch die Trennung wurde sie auf sich selbst zurückgeworfen und begegnete sich erstmals wirklich selbst. Ihr wurde bewusst: »Im Alleinsein zeigt sich, wie ich mit mir selbst umgehe. Ich musste schmerzhaft entdecken, dass ich Angst davor hatte, mir selbst zu begegnen. Ich habe mich zeitlebens so unzulänglich gefühlt. Ich habe erkennen müssen, dass ich mich im Grunde selbst nie wirklich mochte.«

Schon früh in ihrem Leben hatte sie ein Bild von sich entwickelt, das besagte, dass sie nicht gut genug sei. Sie versuchte immer sich anzupassen, da die Mutter ihr meist ein schlechtes

Gewissen machte, wenn sie nicht gehorcht hatte. So konnte sie sich nicht wirklich wertvoll fühlen und ging in der Folge auch schlecht mit sich selbst um. Ja, im Grunde hat nicht nur ihr Mann sie verlassen, sondern sie selbst hatte sich schon früh alleingelassen mit ihren eigenen Sehnsüchten, Gefühlen und Bedürfnissen. Nun, da sie auf sich selbst zurückgeworfen war, erkannte sie, dass sie sich eine neue Beziehung wünschte. Zunächst dachte sie, dass sie einen anderen Partner braucht, der sie so liebt, wie sie ist. Doch dann wurde ihr klar, dass sie zuallererst eine neue Beziehung zu sich selbst brauchte. Sie ist schließlich der wichtigste Mensch in ihrem eigenen Leben. 24 Stunden am Tag, sieben Tage die Woche ist sie mit sich selbst zusammen. Aber sie war bisher nie wirklich für sich selbst da gewesen. Sie hatte sich vernachlässigt, sich gar nicht wirklich gut um sich gekümmert. Gerade in schwierigen Zeiten war sie regelmäßig vor sich selbst geflohen und hatte dann bis zum Umfallen gearbeitet.

Diese schmerzhafte Erkenntnis führte sie nun zu einem wichtigen Entschluss. Sie entschied sich, zum ersten Mal in ihrem Leben ganz ja zu sich zu sagen. Sie kaufte sich einen Ring, den sie sich im Rahmen eines kleinen Rituals selbst ansteckte. Zwei Freundinnen waren eingeladen, um an ihrer Hochzeit teilzunehmen. Sie hatte sich zuvor selbst einen Heiratsantrag gemacht und heiratete sich nun selbst: »Liebe Gertrud, ich nehme Dich an, so wie Du bist. Ich will Dich lieben, achten und ehren alle Tage meines Lebens, in guten und in bösen Tagen, in Gesundheit und Krankheit.«

Dies war ihr Entschluss. Sie wusste, dass dies der richtige nächste Schritt war, denn nur so war sie sowohl fähig, allein gut durch ihr Leben zu gehen, als auch eine wirkliche Basis zu schaffen, um eine neue partnerschaftliche Beziehung zu einem späteren Zeitpunkt einzugehen. »Den Ring trage ich von nun an als Zeichen meiner Selbstliebe, Selbstfürsorge und meiner Treue zu dem Menschen, der ich bin.«

Die eigene Identität

Neulich las ich in der Zeitung vom Drogentod der 22-jährigen amerikanischen Sängerin Bobbi Kristina Brown, die bewusstlos in ihrer Badewanne aufgefunden worden war. Die Todesumstände erinnerten in unheimlicher Weise an den Tod ihrer berühmten Mutter, die ziemlich genau drei Jahre zuvor nach einer Überdosis Drogen ebenfalls in der Badewanne starb. Die US-amerikanische Pop- und Soulsängerin Whitney Houston hatte zu Lebzeiten mit ihrer markanten Stimme und ihrem außergewöhnlichen Talent die meisten Auszeichnungen erhalten, die je einer Sängerin zuteilwurden. Der Tod der 48-jährigen Künstlerin ereignete sich am Vorabend der Grammy-Verleihung, bei der sie erneut den begehrtesten aller Musikpreise hätte entgegennehmen sollen.

Ich selbst liebe ihre Songs noch heute. Höre ich »One moment in time« läuft mir noch immer ein Schauer über den Rücken. Darin singt Whitney Houston: »Ich brach mein Herz für jeden Erfolg. Um das Süße zu schmecken, ertrug ich den Schmerz.« Der berufliche Erfolg brach ihr eigenes Herz, denn sie wurde privat nie wirklich glücklich und kämpfte über Jahre hinweg mit ihrer Alkohol- und Drogenabhängigkeit.

Bobbi Kristina wollte unbedingt in die Fußstapfen ihrer berühmten Mutter treten. Bereits sechsjährig begleitete sie ihre Mutter zu Konzerten und Preisverleihungen. Nach dem zu frühen Tod ihrer Mutter bekannte Bobbi Kristina, dass sie wie unter einem Zwang stehe, das Vermächtnis der eigenen Mutter fortsetzen zu müssen. Um alles in der Welt wollte sie sein wie ihre eigene Mutter. Kurz vor ihrem eigenen Drogentod soll Bobbi Kristina bereits die Befürchtung geäußert haben: »I'll end up like Mom«.

Mich berührte diese Geschichte ganz tief. Mir wurde bewusst, dass auch ich als junger Mensch bemüht war, anderen nachzueifern oder sie sogar zu kopieren. Heute weiß ich, dass es nichts zu kopieren gibt. Es ist nicht möglich, jemand anderen nachzuahmen, so sehr ich ihn vielleicht auch bewundern mag. Ich bin als Original und nicht als Abziehbild von jemandem anderen gedacht. Vom dänischen Philosophen Sören Kierkegaard stammt das Zitat: »Wir alle kommen als Original zur Welt – aber viele sterben als Kopie.«

Unsere Aufgabe besteht darin, uns selbst, unsere eigene Originalität zu entdecken, diese anzunehmen und sie zur Entfaltung zu bringen. Ein selbstliebender Mensch ist ganz er selbst. Wie heißt es so treffend im Lied »One moment in time«: »Jeder Tag, an dem ich lebe, soll ein Tag sein, an dem ich *mein* Bestes gebe.«

Das Namens-Geschenk

Das erste Geschenk, das wir bekommen, wenn wir das Licht dieser Welt erblicken, ist unser eigener Name. Wir werden nicht gefragt, ob wir diesen Namen wollen, wir bekommen ihn einfach. Namen sind wie Zaubersprüche, hat Rainer Maria Rilke einmal gesagt. Ich bin davon überzeugt, dass es sich lohnt, sich für die sprachliche Herkunft und die Bedeutung unseres eigenen Namens, die Heiligengeschichte des jeweiligen Namenspatrons oder die Familiengeschichte, die hinter einer Namenswahl steht, zu interessieren.

Immer wieder habe ich erlebt, dass Menschen mit ihrem eigenen Rufnamen hadern, ihn ablehnen, sich selbst einen anderen (Spitz-)Namen geben oder bei Doppelnamen, einen – den ungeliebten – Namen weglassen. Manchmal ist es ein langer Weg, sich mit dem eigenen Namen auszusöhnen und ihn ganz zu bejahen. Manchmal dauert es sehr lange, bis wir die Schönheit und die für uns stimmige Bedeutung unseres eigenen Namens gefunden haben. So ging es auch mir.

Meine Eltern ließen mich auf den Namen meines Vaters taufen. Mit diesem Namen war für mich lange Zeit die Erwartungshaltung verbunden, in seine Fußstapfen zu treten und als Stammhalter eines Landwirts in einer langen bäuerlichen Tradition den elterlichen Hof zu übernehmen. Aber ich fühlte mich mit dieser Vorstellung und zunehmend auch mit meinem eigenen Namen unwohl. Zudem war der Name damals sehr verbreitet. In der Grundschule waren wir zeitweise fünf Jungs mit demselben Namen. Hörte ich den Lehrer »Michael« rufen, fragte ich mich: »Bin ich oder ist ein anderer gemeint?«

Irgendwie schien mein Name dafür zu stehen, dass es gar nicht so wichtig war, wer ich selbst war und was mich ausmachte. War ich selbst überhaupt gemeint? Oder ging es vielmehr darum, eine vorbestimmte Rolle auszufüllen und Erwartungen anderer zu erfüllen? Es fiel mir nicht leicht, mich auf meinen ganz eigenen Weg zu machen. Erst als ich mit Anfang zwanzig mein Elternhaus verließ, um meinen eigenen beruflichen Weg zu gehen, entdeckte ich nach und nach, welch wunderbaren Namen ich trug.

Der Name Michael stammt aus dem Hebräischen und heißt übersetzt »Wer ist wie Gott?«. War dies als Erinnerung gedacht, niemals zu vergessen, dass wir alle einen göttlichen Funken in uns tragen, so auch ich selbst? Eine Patientin schenkte mir eines Tages eine bildliche Darstellung des Erzengels Michael mit einem Lichtschwert und folgendem Text: »Mensch, sei wahrhaftig, mutig, aufrecht. Du bist zwischen Licht und Finsternis gestellt. Sei ein Kämpfer des Lichtes. Liebe die Erde. Liebe alle Wesen dieser Erde. Liebe dich selbst.« Diese Abbildung sowie der dazugehörige Text haben mich tief innen berührt und nehmen noch heute einen besonderen Platz in mir ein.

Viele Menschen, die zu uns in die Klinik kommen, sehnen sich genau danach – aus der Dunkelheit der Depression wieder in ein lichtvolles Leben zu gelangen. Viele ehemalige Patienten beschreiben ihre Klinikzeit rückblickend so, als ob Samen des Lichts, Samen der Liebe in ihnen gesät worden waren, die zuhause weiter wuchsen und reiften, um als Früchte ein neues, ein gutes Leben hervorzubringen. Vielleicht ist ja genau dies die eigentliche Aufgabe in der therapeutischen Arbeit: Samen der Liebe und des Lichts zu säen. Und ebenso, wie der Bauer darauf vertraut, dass es die größeren Kräfte sind, die die Saat aufgehen und wachsen lassen, so scheint dies auch für mein Säen zu gelten.

Der Kreis begann sich zu schließen. In diesem erweiterten Sinne war ich nun doch in die Fußstapfen meines Vaters getreten. Ich bin ihm ähnlicher geworden, als ich gedacht habe – und fühle mich dabei tief ausgesöhnt. Ich darf meinen ganz eigenen Weg gehen und mich doch tief mit meinen Wurzeln verbunden wissen.

Danke, liebe Eltern, für das Geschenk meines Namens!

Umtopfen

Durch meine Arbeit in einer psychosomatischen Klinik begleite ich viele Menschen, die aufgrund von Krankheiten, Verlusten oder Trennungen in schwere Lebenskrisen geraten sind. Ich betrachte es als ein besonderes Privileg, Menschen in dieser schwierigen Phase ihres Lebens unterstützen zu dürfen. Manchmal ist es für die Betroffenen aber sehr schwer zu akzeptieren, dass sie überhaupt in eine solche Krise geraten sind und Hilfe in Anspruch nehmen müssen.

Erika war eine solche Patientin, der es besonders schwerfiel, ihre krisenhafte Situation zu akzeptieren. Sie haderte sehr mit sich selbst, weil sie »in dieses Loch gefallen war«. Zu Beginn der Behandlung machte sie sich heftige Vorwürfe, weil sie überhaupt in eine Klinik gehen musste.

Da ich wusste, dass sie eine Hobbygärtnerin war und zu Hause Rosen züchtete, bot ich ihr folgenden Vergleich an:

Ein Gärtner, der ein leidenschaftlicher Rosenliebhaber ist, wird alles dafür tun, dass seine Rosen gut gedeihen können. Er wird dafür sorgen, dass sie ausreichend Licht und Sonne

haben. Er wird regelmäßig die Feuchtigkeit des Bodens überprüfen und anhand der Grünfärbung der Blätter beurteilen, ob
seine Rosen auch genug Nährstoffe erhalten.

Damit seine Rosen in ihrem Wunsch nach Wachstum nicht
gehemmt werden, wird er sie auch von Zeit zu Zeit umtopfen.
Dazu wird er die alte Erde aus den Wurzeln schütteln und die
abgestorbenen toten Wurzeln abschneiden. Er wird ein pas-
sendes größeres Gefäß aussuchen, dieses mit frischer Erde be-
füllen und die Rosen dort hineinsetzen. Auf diese Weise wird
er dafür sorgen, dass die Rosen ihre Wurzeln noch tiefer in
die Erde ausdehnen können. Letztlich können sich die Rosen
dadurch weiter entfalten, um der Welt ihre volle Schönheit zu
zeigen.

Wir Menschen sind im Grunde genommen unseren Mitge-
schöpfen, den Pflanzen, nicht unähnlich. Auch wir brauchen
gutes Wurzelwerk, ausreichend Nahrung (physisch wie seelisch), benötigen Wasser, Wärme und Licht. Auch in uns wohnt
eine Lebenskraft, die sich danach sehnt, ihr volles Potential zu
entfalten. Wie die Topfpflanzen sind auch wir Menschen do-
mestizierte Wesen, die nicht in der freien Natur leben, sondern
in einem häuslichen Umfeld wachsen und gedeihen.

Die Krisen unseres Lebens sind letztlich so etwas wie Um-
topfvorgänge. Etwas in unserem bisherigen Leben ist zu eng
geworden. Ein altes Gefäß passt nicht mehr. Dies können alte
Vorstellungen, Lebensumstände oder unser eigenes Ich-Kon-
zept sein, die zu eng geworden sind. Manche Wurzeln, die uns
für eine gewisse Zeit versorgt haben, sind abgestorben und
müssen abgeschnitten werden. Das ist für uns schmerzhaft,
weswegen wir unsere Krisen nicht so gerne mögen. Aber die-

ser Prozess ist lebensnotwendig, damit wir uns schließlich weiten können und zu unserer eigentlichen Bestimmung finden.

Ich bat Erika, sich vorzustellen, was passieren würde, wenn sich die Rosen beim Umtopfvorgang des Gärtners wehren könnten und zappeln würden. Vermutlich würde dieser Prozess doch deutlich erschwert werden und schmerzhafter ablaufen als notwendig. Erika schmunzelte.

Dann schlug ich Erika vor, sich vorzustellen, dass das wohlfällige Leben – ähnlich einem fürsorglichen Gärtner – nur das Beste für sie im Sinne habe und ihr diese Krise deswegen geschenkt habe, um gestärkt daraus hervorzugehen. Schließlich bat ich sie, sich diesem Prozess, in dem sie sich gerade befand, anzuvertrauen und ihr Herz zu öffnen für die Frage, was in ihrem Leben sich denn weiten möchte und nach Wachstum sehne.

Es war eine große Freude, mitansehen zu dürfen, wie Erika die nächsten Wochen mehr und mehr aufblühte, wie sie strahlte und ein wunderbares Leuchten in ihren Augen sichtbar wurde.

Tief berührte mich ihr Geschenk, das sie mir zum Abschied überreichte: ein blühender Rosenstock.

Jakobs Kampf

Friedrich Weinreb, ein bekannter jüdisch-chassidischer Schriftsteller, hat die Bibel als Abenteuerbuch der Menschheit beschrieben. Demnach können die dort enthaltenen Geschichten als Ausdruck menschlicher Urerfahrungen verstanden werden, die voller Weisheiten hinsichtlich menschlicher Entwicklungs-, Wandlungs- und Heilungsprozesse stecken.

Eine solche Geschichte, die mich immer schon besonders berührt hat, ist die Erzählung von Jakobs Kampf mit einem Engel. Im 1. Buch Mose wird berichtet, wie Jakob die ganze Nacht hindurch mit einem Unbekannten kämpft, der ihm offensichtlich an Kraft überlegen ist und Jakob die Hüfte auszurenken vermag. Erst als die Morgenröte anbricht, kommt es zur entscheidenden Wende: Jakob antwortet auf die Aufforderung des vermeintlichen Feindes, ihn loszulassen, mit den Worten: »Ich lasse dich nicht, es sei denn, du segnest mich.« An der Schwelle zwischen dem Dunkel der Nacht und der Helle des Morgens kommt es zu einer unerwarteten neuen Perspektive. Im Angesicht des anbrechenden Tages erkennt Jakob, dass der unbekannte Feind ein himmlischer Bote ist, und er erbittet dessen Segen.

Ja, diese Geschichte weist in der Tat auf eine menschliche Urerfahrung hin. In unser aller Leben gibt es Situationen, in denen plötzlich etwas Unerwartetes wie aus einem Hinterhalt auftaucht. Wir sagen Krise, Krankheit, Schicksal dazu, fühlen uns heimtückisch überfallen und denken, dass wir das Opfer sind. Wir spüren die dunkle Nacht der Verzweiflung in uns und kämpfen womöglich mit all unseren Kräften dagegen an. Wir wollen die Krise nicht wahrhaben, wollen sie weghaben.

Die Wandlung geschieht erst, wenn wir in der Lage sind, unsere Situation in einem anderen, neuen Licht zu sehen. Die Geschichte Jakobs lehrt uns, dass die eigentliche Not und Gefahr unser eigenes Unerleuchtetsein ist. Wir sagen zu dem Unbekannten »Feind« und kämpfen dagegen an. Erst wenn wir im vermeintlichen Feind den erweiterten Freund erkennen und die Hände hinhalten, um den Segen zu empfangen, geschieht die Wandlung.

Die Erlösung aus der misslichen Situation kommt also nicht dadurch zustande, dass sich im Außen etwas verändert, sondern in uns selbst, dass sich unsere eigene Einstellung verändert:

Wir erkennen im Unbekannten, in dem, was uns bisher Angst gemacht hat, den verborgenen Segen.

Ebenso kann uns die Geschichte auch sagen wollen: Im Leben geht es nicht so sehr um gewinnen oder verlieren. Es geht nicht darum, Recht zu haben oder nicht. Es geht vielmehr darum, dass wir uns wandeln. Der vermeintliche Feind ist womöglich ein mir gesandter Engel der Verwandlung. Es geht um eine innerliche Neuausrichtung. In der biblischen Erzählung bekommt Jakob als sichtbaren Ausdruck seiner Erneuerung einen neuen Namen. Der Name Jakob stand bisher für den Menschen, der sich und anderen in der Vergangenheit unehrlich begegnet ist, indem er sich unrechtmäßig Vorteile erschlichen hat. Israel, sein neuer Name, ist Ausdruck eines Neuanfangs.

So kann eine missliche Lebenssituation, in die wir geraten sind, immer auch die Chance des Erwachens und damit eines Neuanfangs in sich bergen.

Die folgenden Fragen wollen Ihnen helfen, in einer festgefahrenen Situation Ihren Blick wieder neu auszurichten: Betrachten Sie jemanden oder etwas als Ihnen feindlich gesinnt? Was, wenn der vermeintliche Feind Ihr erweiterter Freund wäre und Sie etwas Wichtiges lehren möchte? Kämpfen Sie womöglich gegen Ihr Schicksal, gegen Ihr eigenes Leben, letztlich gegen etwas in sich selbst? Was könnte der Segen sein, den die Krise, die Krankheit, das Problem für Sie bereithält? Wofür möchte es Ihnen die Augen öffnen?

Akzeptanz und Widerstand

Im vergangenen Jahr hatte ich zwei Begegnungen mit zwei verschiedenen Menschen, die auf den ersten Blick nichts miteinander zu tun hatten. Wie sich herausstellen sollte, mussten sie jedoch die gleiche Herausforderung meistern. Der Einfachheit halber nenne ich die beiden Frauen, die ich unabhängig voneinander kennengelernt hatte, Hanna und Anna.

Hanna traf ich auf einer Feier bei Freunden. Als wir so ins Gespräch kamen und sie mich nach meinem Beruf fragte, erzählte ich ihr, dass ich Arzt sei. Da begann sie von ihrer Krankheit zu berichten, mit der sie seit einem halben Jahr kämpfte. Aus heiterem Himmel heraus war bei ihr ein insulinpflichtiger Diabetes festgestellt worden. Diese Krankheit hatte sie völlig aus der Bahn geworfen. »Warum gerade ich? Warum gerade Diabetes?«, klagte sie. »Lieber hätte ich Brustkrebs, so wie meine Freundin. Den kann man wenigstens in den allermeisten Fällen heilen, und dann ist die Sache wieder erledigt. Aber Diabetes … Es ist eine so heimtückische Krankheit. Ich habe keine Chance, jemals geheilt zu werden. Die ganze Leichtigkeit meines Lebens ist dahin. Es ist so gemein. Hier auf dieser Party kann sich jeder nach Lust und

Laune am Buffet nehmen, was ihm eben schmeckt. Ich hänge hier herum und die ganze Feier regt mich bloß noch auf. Täglich muss ich mehrmals meinen Blutzucker messen, ich fühle mich so unfrei. Diese blöde Krankheit hat mein ganzes Leben ruiniert. Und wenn ich an die Spätfolgen des Diabetes denke, wird mir schon jetzt ganz schlecht. Es ist einfach nur furchtbar.«

Es war unübersehbar, wie sehr sie gegen diese Diagnose ankämpfte und wie sehr sie darunter litt. Jeder Versuch, sie im Laufe unseres Gesprächs etwas zu ermutigen, schlug fehl. Bald kam unser Gespräch zum Erliegen, und jeder von uns wendete sich einem anderen Gesprächspartner zu.

Ungefähr ein halbes Jahr später lernte ich Anna kennen. Wir saßen im gleichen Zugabteil. Während die meisten anderen um uns herum mit Tablet, Handy oder Laptop beschäftigt waren, kamen wir ganz ungezwungen ins Gespräch. Anna war ebenso wie ich auf dem Weg nach Stuttgart. Als sie mich nach dem Zweck meiner Reise fragte, erklärte ich ihr, dass ich eine medizinische Tagung besuchen wollte. »Aha. Sie sind also Arzt!?« Nachdem ich ihre Frage bejahte, begann sie zu erzählen, dass sie zuletzt auch viel mit Ärzten und Krankenhäusern zu tun hatte. »Aber nun ist mein Diabetes, den ich seit Kurzem diagnostiziert bekommen habe, ganz gut eingestellt.« Als ich sie danach fragte, wie es ihr denn mit ihrer Krankheit ergehe, fing sie bereitwillig an zu berichten:

»Durch das Blutzuckermessen und Insulinspritzen ist mir bewusst geworden, was so eine Bauchspeicheldrüse für ein Wunderding ist. Wissen Sie, ich habe mir bisher über meinen Körper und meine Gesundheit wenig Gedanken gemacht.

Jetzt erst ist mir klar geworden, wie schlecht ich in der Vergangenheit mit mir selbst umgegangen bin. Ich habe so oft irgendein ungesundes Zeug in mich hineingestopft. Einfach so. Manchmal auch nur, weil ich Kummer hatte und ich mich durch Süßigkeiten aufheitern wollte. Seit ich weiß, dass ich mit dieser Krankheit leben muss und wie wichtig es für meine Gesundheit ist, gut auf mich aufzupassen, führe ich in gewisser Weise ein ganz neues Leben. Ich achte jetzt viel mehr auf mich. Ich gehe täglich an die frische Luft und merke, wie es mir guttut, mich anders zu ernähren. Da ich insgesamt besser auf mich Acht gebe, habe ich auch fast keine Süßigkeitsgelüste mehr. So komisch es sich anhören mag, ich bin jetzt mit dem Diabetes besser dran als vorher. Ich nehme bewusster wahr, was mir guttut und was nicht. Über die Blutzuckerwerte bekomme ich ein hilfreiches Feedback, wie es mir gerade geht, ob ich gut bei mir bin oder ob ich mich mal wieder aus dem Blick verloren habe. Gerade die Art, wie ich mich ernähre, ist für mich ein unmittelbarer Indikator, ob ich mit meinen Bedürfnissen und Gefühlen in Kontakt bin oder eben nicht.«

»Ist das nicht verrückt?« Sie strahlte mich an, während sie so von sich und ihrer Krankheit erzählte. Wir vertieften uns in ein sehr anregendes Gespräch und als der Zug am Stuttgarter Hauptbahnhof einfuhr, bedauerten wir beide, dass die gemeinsame Reise so schnell verflogen war.

Als ich auf der Tagung einem Kollegen von dieser interessanten Begegnung berichtete, meinte dieser: »Tja, Akzeptanz ist wohl die Lösung all unserer Probleme.« Dieser Satz klingt noch heute in mir nach. Mir scheint, dass darin eine tiefe

Wahrheit steckt – auch wenn ich ein wenig widersprechen möchte: Vielleicht nicht gerade aller Probleme, so doch sehr, sehr vieler Probleme.

Tee mit Beate

Hochsensibel – oh je! Jetzt hatte sie es auch noch offiziell, dass mit ihr etwas nicht in Ordnung war. Irgendwie war es ihr schon lange klar gewesen, dass sie nicht »normal« war. Überempfindlichkeit hatte sie es selbst zuvor genannt. Es war ihr bewusst, dass sie seit ihrer Kindheit besonders sensible Antennen hatte. Geräusche, die für alle anderen im Bereich des Angenehmen liegen, sind für sie selbst oftmals bereits unerträglich laut. Stößt sie zu einer Gruppe von Menschen, die untereinander Konflikte haben, spürt sie sofort, dass Spannungen in der Luft liegen. Sie hat deswegen in der Vergangenheit manchmal vorzeitig Partys und Feiern verlassen, weil sie solche atmosphärischen Ladungen nicht gut ertragen konnte. Gerade im Berufsleben hatte sie durch diese Überempfindlichkeiten schon manche Probleme bekommen. Für sie selbst war es ein Ärgernis, ein Makel, ein Vorwurf, den sie an sich selbst richtete.

Ich lud Cordula ein, einen Perspektivenwechsel vorzunehmen: Bisher hatte sie ihre hohe Sensibilität als einen Defekt wahrgenommen. Deshalb schlug ich ihr vor, ihre besondere Wahrnehmungsfähigkeit doch als eine spezielle Begabung, eine Gabe des Lebens an sie zu betrachten, die es zu nützen galt. Entscheidend sei der andere Umgang mit ihrer Hochsensibilität als Ausdruck einer neuen bejahenden Einstellung sich selbst gegenüber. Hatte sie bisher diese besondere Qualität ihres Seins feindselig und ablehnend behandelt, so könne sie mithilfe einer neuen Perspektive erforschen, was das Leben ihr dadurch auch geschenkt und bisher schon ermöglicht habe. Im Laufe des Gesprächs erkannte Cordula, wie intensiv sie in der Lage war, das Leben wahrzunehmen. Manchmal war es ihr geradezu unheimlich, was sie so alles erspüren konnte, während andere offenbar so viele feine Nuancen gar nicht wahrnahmen.

Ich schlug ihr vor, mithilfe eines täglichen Rituals eine neue Haltung ihrer Hochsensibilität gegenüber einzuüben. Wir nannten diese tägliche Übung »Teetrinken mit Beate«. Sie sollte sich abends eine Tasse Tee gönnen und sich ein feierliches Zeremoniell dazu ausdenken. Während dieses Teezeremoniells würde sie in Gedanken fünf Schritte durchgehen, die jeweils mit einem der fünf Buchstaben von »Beate« beginnen.

Schritt eins: **B**emerken, ob sie sich heute im Lauf des Tages durch ihre Hochsensibilität gestresst gefühlt hatte.

Schritt zwei: **E**rinnern, wie das aktuelle Stressempfinden durch ihre negativen Vorerfahrungen mit ihrer Hochsensibilität aus der Vergangenheit heraus getriggert wurde.

Schritt drei: **A**nnehmen ihrer Hochsensibilität als Gabe, als Geschenk des Lebens. Dieser Schritt war der entscheidende Dreh- und Angelpunkt. Je mehr es ihr gelänge, sich nicht mehr gegen diese Facette ihres Seins aufzulehnen, desto eher würde sie tatsächlich auch positive Erfahrungen mit ihrer Hochsensibilität machen können.

Schritt vier: **T**rennen, sich lösen von alten Verhaltensweisen, wie etwa sich ärgern oder sich selbst Vorwürfe machen.

Schritt fünf: **E**inbrennen von neuem positiven Verhalten, wie sie bewusst Situationen gestalten könne, um diese Gabe zu nützen, ja sogar zu genießen.

Nach ein paar Wochen rief mich Cordula an. Sie erzählte mir, wie sehr sie mittlerweile das Teeritual als Rendezvous mit sich selbst genießen könne. Sie habe festgestellt, dass sie seither mit ihrer Hochsensibilität viel besser zurechtkomme.

Lachend fügte sie an, sie habe sich neulich gefragt, ob denn Albert Einstein womöglich auch hochsensibel gewesen sei. Sein Satz »Man kann das Leben so leben, als gäbe es keine Wunder, oder man kann so leben, als ob alles ein Wunder wäre« habe ihr so sehr aus dem Herzen gesprochen. Sie fühle sich oftmals tief ergriffen von den kleinen und großen Wundern ihres Lebens. Sie spüre inzwischen eine solch beglückende Intensität ihres Lebens, dass sie ihre ganz besondere Begabung nicht mehr missen möchte.

Der Weg des Lichts

»So eine Scheiße!«

Lassen wir uns dazu hinreißen, das S-Wort zu benutzen, so hat dies in aller Regel nichts Gutes zu bedeuten. Im Gegenteil drücken wir dadurch unsere Abscheu, unseren Ekel, unsere tiefe Frustration über eine bestimmte Angelegenheit aus. Etwas geht uns gehörig gegen den Strich. Etwas stinkt uns gewaltig. Das S-Wort verdeutlicht, dass wir der betreffenden Situation keinen Nutzen oder Wert abgewinnen können. Am liebsten würden wir die Sache ungeschehen machen oder sie zumindest loswerden wollen.

Doch wenn wir mit offenen Augen auf die natürliche Entstehungsgeschichte dessen, was wir biologisch als »Scheiße« bezeichnen, blicken, können wir etwas ganz anderes darin entdecken – und auch für unser eigenes Leben nützliche Rückschlüsse ziehen:

Damit es Leben auf unserem Planeten geben kann, braucht es die Kraft der Sonne. Gras ist in der Lage, mithilfe der Lichtenergie der Sonne energiereiche Biomoleküle herzustellen. Wir bezeichnen diesen biologischen Vorgang als Photosynthese. Die Gras fressende Kuh wiederum kann durch ihre besondere Verdauungsfähigkeit mittels vier Mägen rohfaserreiche Pflanzen transformieren und sondert Kuhdung ab. Ein einzelner Kuhfladen enthält so viel Energie, dass man daraus 0,1 kWh Strom erzeugen könnte. So wird getrockneter Kuhdung auch heute noch in verschiedenen Kulturen dieser Erde als Brennmaterial verwendet.

Legt man den getrockneten Kuhfladen in einer kalten, dunklen Nacht auf eine Feuerstelle, so wird er die in ihm wohnende Energie in Form von Wärme und Licht wieder freigeben. Scheiße ist also viel mehr als nur eine übelriechende biologische Masse – es ist transformierte Lichtenergie.

Letztlich können wir nicht verhindern, dass wir in unserem Leben immer wieder in missliche Situationen geraten, die wir zunächst einfach nur als »beschissen« bezeichnen möchten. Wir können darüber lamentieren und uns selbst bemitleiden. Aber wir haben auch eine andere Wahl. Blicken wir mit offenen und neugierigen Augen auf die Angelegenheit, erkennen wir womöglich den darin innewohnenden Wert, die transformierende Essenz. Vielleicht gewinnen wir dadurch eine wichtige Erkenntnis für unser weiteres Leben. Sollten Sie gerade mit heftiger Ablehnung auf eine bestimmte Situation Ihres Lebens reagieren und am liebsten das S-Wort dafür verwenden, so lade ich Sie ein: Bringen Sie doch Licht in die Angelegenheit!

SELBSTLIEBE IST ...
SICH IN SCHWEREN ZEITEN MIT
SELBSTMITGEFÜHL BEGEGNEN

Während eines Vortrags fragte ich die anwesenden Zuhörer, wer sich unter Selbstmitleid etwas vorstellen könne. Alle Anwesenden meldeten sich. Auf die Frage, wer hingegen eine Vorstellung davon habe, was Selbstmitgefühl sei, ging kein einziger Arm nach oben. Das Wort »Selbstmitgefühl« klingt in unseren Ohren fremdartig, und vermutlich ist uns auch die Haltung, die dieses Wort ausdrücken möchte, nicht wirklich vertraut.

In schwierigen und leidvollen Zeiten unseres Lebens scheinen wir eher mit Selbstmitleid denn mit Selbstmitgefühl zu reagieren. Selbstmitleid bedeutet, dass wir auf äußere Missgeschicke oder eigenes Versagen larmoyant reagieren. Wir meinen, dass sich alles gegen uns verschworen hat, und wir vom Leben ungerecht behandelt werden. Wir bedauern uns selbst und ziehen uns in unser eigenes Schneckenhaus zurück. Unsere Gedanken nehmen eine düstere Tönung an, wir fühlen uns als Opfer der Umstände oder von den Mitmenschen vernachlässigt und ungeliebt.

Selbstmitgefühl hingegen hilft uns, mit Kummer und Leid in unserem Leben auf gesunde Weise umzugehen. Ein selbstmitfühlender Mensch lernt, die Realität des Leids als zu seinem Leben zugehörig anzunehmen und mit Freundlichkeit darauf zu reagieren. So kann sich dieser Mensch in schwierigen Situationen sagen: »Das ist ein Moment des Leids. Leid gehört zum Leben. Auch wenn ich mich schlecht fühle, so heißt es nicht, dass ich schlecht bin. Anstatt mich dafür zu verurteilen, dass es mir gerade schlecht geht, nehme ich mich an, mit dem, was gerade ist.« Selbstmitgefühl ermöglicht, dass wir auch bei Problemen, wenn uns etwas misslungen ist oder wir einen Fehler gemacht haben, mit Freundlichkeit und Wohlwollen auf uns schauen, anstatt uns selbst zu verurteilen. Wir können uns aus der Haltung des Selbstmitgefühls heraus Trost zusprechen und uns selbst auch wieder ermutigen.

So wie wir einem Freund in Not mit wohlwollendem Mitgefühl begegnen, so auch uns selbst. Mitgefühl ist die Antwort des Herzens auf den Schmerz eines Freundes. Selbstmitgefühl ist die Antwort meines Herzens auf meinen eigenen Schmerz. Selbstmitgefühl bedeutet, dass wir uns in schwierigen Zeiten so um uns selbst kümmern, wie wir es bei einem geliebten Menschen tun würden.

Wir können lernen, in schwierigen Zeiten mit uns selbst einen liebevollen und sanften Umgang zu pflegen, so wie sich eine Mutter fürsorglich um ihr verängstigtes oder verletztes Kind sorgt.

Anstatt uns selbst im Moment des Leids zu bekämpfen, uns zu betäuben oder gar den Schmerz zu dramatisieren, können wir lernen, uns selbst mitsamt der leidvollen Erfahrung anzunehmen, uns zu umsorgen und uns das zukommen zu lassen, was wir gerade wirklich brauchen.

Auch wenn wir in unseren alten Mustern und Reaktionsweisen – die wir am liebsten schon längst überwunden hätten – gefangen scheinen, können wir dennoch auf eine friedvolle und freundliche Weise damit umgehen. Mir persönlich hilft in solchen Momenten ein Bild aus der Natur: Jahr um Jahr, Herbst für Herbst lassen die Bäume ihre Blätter fallen. Niemand von uns käme auf die Idee, die Bäume dafür zu schelten, dass sie schon wieder ohne Früchte, so kahl und dürr dastehen.

Wir verstehen, dass dies zum Wachstumsprozess, zum natürlichen Lebenszyklus der Bäume gehört. Wir beobachten das Treiben der Bäume mit Wohlwollen. Wissend, dass ihre Blätter sich nur deshalb verfärben und zur Erde fallen, um die Lebenskraft nach innen zu richten und um später, zur rechten Zeit, wieder neu aufblühen zu können. So können auch wir in Zeiten des äußerlichen Verlierens uns damit mitfühlend bejahen und darauf vertrauen, dass auch dies unserem Wachstum dienen will.

Das Weihnachtsgeschenk

Es geschah am Ende der zehnten Schulklasse, kurz vor den Sommerferien. Zusammen mit ihrer Clique durfte Miriam abends auf einer Kiesbank an der Isar ein Grillfest veranstalten. Ein gleichaltriger Junge hatte Brennspiritus ins Feuer gegossen und in Sekundenschnelle ergriff eine Stichflamme ihre Kleidung. Andere sagten später, sie habe wie eine brennende Fackel ausgesehen, als sie geistesgegenwärtig zum Fluss gerannt sei, um die brennende Kleidung, die sie am Leib trug, zu löschen. Sie hatte Glück im Unglück. Mit mittelgradigen Verbrennungen wurde sie umgehend ins Krankenhaus eingeliefert, allerdings blieben zeitlebens im Halsbereich und am rechten Unterkiefer narbige Veränderungen zurück.

Seither war für sie alles anders. In ihren eigenen Augen fühlte sie sich entstellt, sie war keine »normale« Jugendliche mehr. Beinahe täglich betrachtete sie sich im Spiegel und wertete sich selbst ab – wie anders, wie unnormal sie im Vergleich zu ihren Freundinnen war! »Ich will so sein wie die anderen«, dachte es immer wieder in ihr.

Auch als Erwachsene schmerzten sie die Folgen des Unfalls noch immer sehr. Wurde sie von anderen Menschen auf ihre narbigen Hautveränderungen angesprochen, traf sie dies jedes Mal mit voller Wucht. Doch es waren weniger die anderen, die sie dafür verurteilten. Nein, es war sie selbst, die sich dadurch so viel weniger wertvoll fühlte.

Mittlerweile war sie Anfang dreißig. Im Grunde ihres Herzens sehnte sie sich nach einem Partner, mit dem sie eine Familie gründen konnte. Ihre beste Freundin hatte vor einem halben Jahr ein Kind bekommen, was in ihr neben der Mitfreude auch Gefühle des Neids und des Selbstzweifels hervorrief. Die Adventszeit war angebrochen, aber es wollte partout keine vorweihnachtliche Stimmung in ihr aufkommen. Eigentlich sollte sie schon längst Geschenke einkaufen, um ihrer Freundin, für die es das erste Weihnachten mit ihrem Kind war, eine Freude zu bereiten. Aber sie fühlte sich niedergeschlagen und der ganze Vorweihnachtsrummel ging ihr auf die Nerven.

Unverhofft bekam sie Post von einer guten alten Freundin, die ihr eine besondere Weihnachtsgeschichte beigelegt hatte. In dieser Erzählung sagte ein Engel zum Esel an der Krippe: »Du bist genau richtig, so wie du bist. Du bist gut so, wie du bist. Du bist wertvoll. Du bist geliebt.«

Diese Geschichte mitsamt der Botschaft des Engels traf sie mitten ins Herz.

Es kam ihr vor, als ob dieser Text nur für sie geschrieben worden sei. Die Erzählung endete mit der Aufforderung: »Öffne dich dieser Liebe und dein eigenes Herz wird neu. Wenn du dich für diese Botschaft der Liebe öffnest, wirst du wieder mutig, zärtlich, selbstbewusst und sensibel für dich selbst. Wo soll die Liebe entspringen, wenn nicht in deinem eigenen Herzen. Mögest du die wärmende Quelle des Lichts in dir selbst finden. Mögest du in dir selbst den Ort entdecken, wo du neues Vertrauen finden kannst. Suche ihn immer wieder. Finde ihn immer wieder aufs Neue in dir selbst.«

In ihr dämmerte, dass Weihnachten nicht eine Frage des Kalenders, sondern eine Sache des Herzens, ihres Herzens war. Sie hatte seit dem Unfall ihr eigenes, ihr mitfühlendes Herz für sich selbst verschlossen. Sie beschloss, dass dieses Weihnachten ein ganz besonderes Fest werden würde. Sie würde sich selbst das wichtigste Weihnachtsgeschenk machen. Sie wollte sich selbst etwas unter den Christbaum legen, das symbolisch für ihren Entschluss stand, dass sie sich die Botschaft des Engels zu Herzen nahm. Es sollte eine Halskette aus Rosenquarz

sein, einem Heilstein, dem besondere Herzensqualitäten zuge-
schrieben werden. Sie würde zukünftig diese Kette jeden Tag
bewusst anlegen und damit ihrem Wunsch nach Heilung ihrer
seelischen Wunde Ausdruck verleihen. Und jedes Mal, wenn
sie die Kette an ihren Hals legte, würde sie sich selbst ein
mitfühlendes »Ich bin genau richtig, so wie ich bin« schenken.

Blind vor Wut

»Das Leben ist so ungerecht!«

Immer und immer wieder schien ihn das Leben zu be-
nachteiligen.

Es begann damit, dass sein Vater bei einem Autounfall verstarb, als er selbst gerade acht Jahre alt war. Seine Mutter,
die an einer schweren Augenerkrankung litt und weitgehend
blind war, musste ihn und seinen zwei Jahre jüngeren Bruder
als Alleinerziehende durchbringen. War er, Günther, Papas
Liebling gewesen, so stand sein Bruder von Anfang an emotional der Mutter viel näher.

Er und sein Bruder stritten nach dem Unfalltod des Vaters
viel, und immer wieder stand er als »der Böse« da, der dem
Jüngeren vermeintlich etwas angetan hatte. Aufgrund ihrer
weitgehenden Erblindung sah seine Mutter nicht, wie sein
kleiner Bruder ihn dauernd triezte und ihn, den Größeren, zu
körperlichen Attacken reizte. Fand der Bruder immer wieder
Schutz bei der Mutter, fühlte er sich allein, ohnmächtig und
im Stich gelassen. Er hätte so gerne aufbegehrt, doch er wusste, wie sehr die Mutter zu kämpfen hatte, als sehbehinderte

Alleinerziehende ihn und seinen Bruder zu versorgen. War er allein in seinem Zimmer, biss er gelegentlich in sein Kopfkissen, um die aufkommende Wut zu unterdrücken.

Als Erwachsener kam es immer wieder zu Situationen, in denen ihn das Gefühl der Wut regelrecht übermannte. Manchmal reichte ein Wort seiner Partnerin und er spürte, wie eine tiefsitzende Aggression in ihm aufstieg, dann schrie er herum und warf Türen zu. Immer wieder kam es zu solchen Krisen in der Partnerschaft, und ihm wurde klar, dass er seine alte, tiefsitzende Wut nicht an seiner Partnerin auslassen dürfe. Er nahm sich vor, seine aufkommende Wut auf andere Weise herauszulassen und ging deshalb öfters in den Wald, um dort laut zu schreien. Dies brachte ihm zwar momentane Erleichterung, löste aber offensichtlich nicht das Problem.

In einem Schlüsselmoment, als er mit seiner Partnerin wieder in einen heftigen verbalen Schlagabtausch geriet, fiel es ihm wie Schuppen von den Augen: Er war blind vor Wut. Er war blind für das eigentliche Heilmittel, dessen er bedurfte. Er war blind für die Liebe.

Nach und nach verstand er: »Auch ich war blind, so wie meine Mutter. Blind vor Wut. Ich habe nicht mehr gesehen, dass im Grunde zwischen meiner Mutter und mir ein starkes Band der Liebe bestand. Nun kann ich tiefes Mitgefühl für meine Mutter empfinden, wie verzweifelt und einsam sie nach dem Tod meines Vaters war. Ich spüre Mitgefühl für den kleinen Jungen, der ich damals war und der den Vater vermisst hat. Und ich brauche Mitgefühl für den großen Günther von heute, wie er mit seinem eingeengten Blick für alles vermeintlich Ungerechte sich oft selbst schadet. Ich brauche Mitgefühl für meine Partnerin, die zur Projektionsfläche meiner eigenen Blindheit wurde. Jetzt, da ich meinen Blick wieder geöffnet habe, kann ich sehen, wie sehr ich meine Partnerin liebe, wie ich auch meine eigene Mutter im Grunde immer schon geliebt habe und wie auch sie mich geliebt hat.«

Der Geldautomat

Der Jenaer Soziologe Hartmut Rosa hat auf sehr eindrucksvolle Weise beschrieben, wie wir Menschen im Zeitalter der digitalen Revolution einer zunehmenden Beschleunigung des Lebenstempos ausgesetzt sind. Durch die rasanten technischen Entwicklungen der vergangenen Jahre, wie Internet, Smartphone und Social Media – mit all ihren unbestrittenen Segnungen –, laufen wir Gefahr, ein zunehmend verdichtetes, atemloses, ja besinnungsloses Leben zu führen. Aus der schönen Idee der Selbstverwirklichung ist für viele mittlerweile bereits ein Zwang geworden, mit der Dynamik der Veränderungen Schritt halten zu müssen.

Dank des Siegeszugs des Smartphones können wir jederzeit und überall »on« sein. (Eigentlich ist ja eine permanente Verfügbarkeit eher etwas für Dienstboten als für freie Menschen.) Ständige Push-Mitteilungen von WhatsApp, Facebook, Twitter oder Instagram zerren förmlich an uns und fordern unsere permanente Aufmerksamkeit wie ein unerzogenes Kind. Ständig auf Empfang und im direkten Kontakt mit dem World Wide Web werden wir auch in unserer Freizeit zu ruhelos Getriebenen.

Um nicht von der digitalen Revolution abgehängt zu werden, setzen wir uns selbst unter Druck, mithalten zu müssen. Wer sich neuen Entwicklungen verweigert, bekommt schnell das Gefühl, auf einer Rolltreppe abwärts zu stehen und den Anschluss an die digitalisierte, automatisierte Zukunft zu verpassen. Stillstand bedeutet Rückstand. Wie sehr wir alle unter einem äußeren Anpassungsdruck stehen, und wie auch ich selbst bisweilen befürchte, abgehängt zu werden oder nicht mehr mithalten zu können, hat mich meine eigene Betroffenheit über die nachfolgende Begebenheit in einer süddeutschen Kleinstadt gelehrt.

Ein älteres Ehepaar betritt den Schalterraum einer Großbank, deren Kunden sie seit über sechzig Jahren sind. Die beiden haben sich offensichtlich eigens für den Bankbesuch wie für einen sonntäglichen Gottesdienstbesuch schick gemacht und den guten Anzug und das feine Kostüm ausgewählt. Im neu umgebauten Schalterraum mit den vielen SB-Automaten haben sie etwas Mühe, sich zurechtzufinden, steuern dann aber auf einen Bankangestellten zu, um mittels einer Barabhebung ihren monatlichen Geldbedarf zu decken.

Der gut geschulte Bankangestellte weist das Ehepaar freundlich, aber durchaus mit Nachdruck darauf hin, dass es mittlerweile üblich sei, Bargeldabhebung nicht mehr wie früher am Schalter, sondern selbstständig mithilfe eines Geldautomaten zu tätigen. In eindringlichen Worten erklärt der Bankmitarbeiter die ausnahmslosen Vorzüge eines Geldautomaten. Das Ehepaar blickt sich verlegen gegenseitig an, tuschelt kurz miteinander und bittet den Bankangestellten darum, sich dieses Angebot in Ruhe zu Hause bis zum nächsten

Mal überlegen zu dürfen. »Aber selbstverständlich«, antwortet der freundliche Berater, der ihnen hilfsbereit ein Anmeldeformular für die automatisierte Geldabhebung in die Hand drückt.

Vier Wochen später betritt das Ehepaar im sonntäglichen Gewand erneut die große Schalterhalle der Bank, um wieder auf ihren Bankberater zuzusteuern: »Wissen Sie, wir haben die letzten Wochen viel hin- und herüberlegt. Eigentlich waren wir bisher mit dem Geldabheben am Schalter ganz zufrieden. Aber wir haben den Eindruck gewonnen, dass es wohl notwendig ist, mit der Zeit zu gehen und uns daher für den Geldautomaten entschieden. Also wir nehmen das Angebot mit dem Geldautomaten an. Wir haben zu Hause auch schon im Keller einen Platz freigeräumt, wo wir ihn aufstellen werden.«

Selbstmitgefühl bedarf des Mutes, zu sich selbst und den eigenen Grenzen zu stehen. Dies bedeutet, nicht zu allem »Ja und Amen« zu sagen, sondern zur rechten Zeit den Mund aufzutun. Selbstmitgefühl meint, dass wir ehrlich zu unserer eigenen Wahrheit stehen dürfen – auch zu unserem Nicht-Wissen und Nicht-Können.

Schwitzhütte

Ich hatte dieses und vergangenes Jahr die Gelegenheit, mit einer Gruppe von zwölf gleichgesinnten Männern an zwei Schwitzhütten teilzunehmen. Für dieses indianische Ritual, das der innerlichen und äußeren Reinigung dienen soll, errichteten wir gemeinsam tagsüber ein kuppelförmiges Gebilde aus Weidengeflechten und einer Vielzahl von Decken. Während des zweistündigen nächtlichen Rituals wurden dann zahlreiche glühende Steine mit einem Durchmesser von etwa zwanzig Zentimetern in die Mitte der Schwitzhütte gebracht, während wir Männer kreisförmig auf dem nackten Lehmboden kauerten. Bei zunehmender Hitze hielten wir in der Dunkelheit schwitzend gemeinsam Bittgebete und Danksagungen ab. Ein vorzeitiges Verlassen der Schwitzhütte war zwar möglich, aber eine Rückkehr in die Schwitzhütte war danach ausgeschlossen.

Ich kann mich noch lebhaft daran erinnern, wie aufgeregt ich beim ersten Mal war. Ich setzte mich selbst unter großen Druck. Auf keinen Fall wollte ich zu früh die Schwitzhütte verlassen. Die Tatsache, dass man bei einem vorzeitigen Verlassen der Schwitzhütte nicht mehr zurückkehren durfte, machte mir gehörig zu schaffen. Innerlich bewertete ich schon vorab ein vorzeitiges Abbrechen des Rituals als persönliche Niederlage. Dementsprechend kroch ich sehr angespannt in die Schwitzhütte. Der ganze Schwitzhüttenprozess wurde dann tatsächlich eine stetig zunehmende Qual für mich. Jedes Mal, wenn weitere heiße Steine in die Mitte der Schwitzhütte gebracht und mit Wasser begossen wurden und die Temperatur und Luftfeuchtigkeit dadurch weiter anstieg, flehte ich innerlich: »Genug, genug!« Ich kämpfte gegen eine aufsteigende Atemnot, stellte mir vor, wie mein Kreislauf versagen würde, und nach etwa der Hälfte der Zeit kroch ich schließlich keuchend aus der Schwitzhütte heraus. In der inneren Bewertung meines Schwitzhüttenprozesses schwankte ich letztlich zwischen meiner Enttäuschung, »zu früh aufgegeben zu haben«, und der Vorstellung, »gerade noch rechtzeitig rausgekommen zu sein«.

Da mir im Nachhinein bewusst wurde, wie sehr ich mich selbst unter einen unnötigen Leistungsdruck gesetzt hatte, beschloss ich, beim zweiten Mal die Schwitzhütte mit einer ganz anderen Einstellung anzugehen.

Zu Beginn des zweiten Rituals versprach ich mir selbst, auf jegliche Bewertung zu verzichten. Im Gegenteil entschloss ich mich, das Ritual »offenen Herzens« zu begehen. Schon im Vorfeld war ich dadurch viel entspannter und allmählich verspürte ich eine große innere Freude. Obwohl es äußerlich das identische Ritual war, wurde es innerlich zu einer völlig neuen Erfahrung. Anstatt mich und die äußere Situation in meinem Hirnkino ständig zu bewerten, verlegte ich meine Aufmerksamkeit auf die Wahrnehmung dessen, was gerade geschah. Ich genoss den Geruch der anderen Männer in der Hütte. Ich spürte die Kühle des schlammigen Bodens unter mir. Mit jedem neuen Atemzug nahm ich das Leben ganz in mich auf. Kamen neue Steine herein, bedankte ich mich innerlich bei ihnen für die Energie, die sie mitbrachten, und erfreute mich am Dampf, der von ihnen aufstieg. Es waren zwei Stunden pure Lebensfreude, die ich während des Rituals verspürte. Am Ende des Rituals wäre ich am liebsten sogar noch ein wenig länger in der Schwitzhütte geblieben, da ich diesen Ort so liebgewonnen hatte.

So wie es unterschiedliche Weisen gibt, ein solches Ritual zu erleben, so gibt es auch sehr unterschiedliche Weisen, jeden neuen Tag und damit das je eigene Leben zu erfahren.

Welch eine wunder-volle Erfahrung es doch sein kann, mit einem offenen, mitfühlenden Herzen all das zu empfangen, was uns Augenblick für Augenblick geschenkt wird, anstatt sich selbst mit den eigenen Bewertungen und einengenden Vorstellungen unter Druck zu setzen.

Kürzlich fiel mir eine schöne Postkarte in die Hände, die auf passende Weise meine Schwitzhüttenerfahrung zusammenfasste: »Der Mensch besteht zu 70 Prozent aus Wasser, der Rest ist Einstellung.«

Gedanken Müll

Es war ein herrlicher Herbsttag. Die Blätter glänzten im Sonnenlicht in den schönsten Farben. Ein Tag wie geschaffen für einen Ausflug in die Natur, die sich in ihrem festlichsten Kleide zeigte. Der Plansee in Tirol, umgeben von den Ammergauer Alpen, war unser Ziel. Wie wohltuend es doch war, in dieser idyllischen Landschaft am Ufer des glasklaren natürlichen Gewässers entlangzuschlendern. Ich ließ den Blick umherschweifen, und es waren wahrliche Postkartenmotive, die es zu bewundern galt. Doch unvermittelt blieb mein Blick an einer Stelle rund hundert Meter vor mir an der Uferböschung hängen. Da war doch etwas, was da nicht hingehörte!

Beim Näherkommen erkannte ich eine wilde Müllkippe aus unzähligen Dosen, Plastikbehältern und ähnlichem Unrat. Ich war entsetzt. An diesem wunderschönen Fleckchen Erde hatten offenbar Wanderer die einst unberührte Natur für die Entsorgung ihres Abfalls missbraucht. Ich stellte mir vor, wie es anfangs ein einzelner unachtsamer Wanderer war, der hier nach einem Picknick etwas liegen ließ, und andere machten es ihm dann nach. Irgendwann schien niemand mehr daran zu zweifeln, dass man hier seinen Unrat nach einer Rast am See einfach so liegen lassen konnte. Gedankenlos hatten Menschen diesem einst so unberührten Platz das Etikett »Müllhaufen« gegeben und sich entsprechend verhalten. Offenbar zieht Müll Müll an. Aber eigentlich war die Bestimmung dieses Ortes doch – ein wunderschöner Uferstreifen am Rande eines glasklaren Sees zu sein.

Der Anblick des Müllhaufens rief in meinem Kopf die Erinnerung an ein Gespräch wach, das ich tags zuvor in der Klinik geführt hatte. Sandra, eine erwachsene Frau Anfang dreißig, hatte mir erzählt, wie sie schon als kleines Mädchen von ihrem Vater das Etikett »Angsthase« verpasst bekommen hatte. Immer wenn sie etwas Neues lernen wollte, ob Schwimmen oder Radfahren, hatte er ihr allen Mut genommen, da er ihr offenbar nichts zutraute. Bei jeder Gelegenheit stellte er sie auch anderen als »mein kleiner Angsthase« vor. So wurde sie in der Schule von andern ebenfalls als »Angsthäschen« gehänselt, bis sie selbst daran glaubte.

Ihr Vater war mittlerweile verstorben, aber auch als Erwachsene schien das Etikett noch immer an ihrer Stirn zu kleben. Auch heute noch, wenn es darum ging, etwas Neues auszuprobieren, hörte sie in sich die Stimme des Vaters, die ihr einredete, dass sie das nicht schaffen würde. Offenbar behandelte sie sich mittlerweile selbst so, wie sie früher ihr Vater behandelt hatte: Sie türmte in ihrem Kopf einen mentalen Müllhaufen an entmutigenden Gedanken auf. Es war an der Zeit, den GedankenMüll zu entsorgen und sich zu erinnern, was denn ihre eigentliche Natur war: In ihrem Herzen lebte doch ein neugieriges und lebensfrohes Mädchen, das nur darauf wartete, sich mutig dem Leben anzuvertrauen.

Gott sei Dank müssen wir nicht all das Zeug glauben, das andere oder wir selbst über uns denken. Wir können alte Verurteilungen und Bewertungen loslassen, um Raum zu schaffen für mitfühlende und wohlwollende Gedanken über uns selbst. Wir selbst sind es, die unseren alten Gedanken-Müll immer wieder aufs Neue entsorgen dürfen.

Unschuldig

»Wenn du so weitermachst, bringst du mich noch ins Grab!«

Dieser Satz saß wie ein Schlag ins Gesicht. Das war doch das Allerletzte, was Markus wollte. Markus war von klein auf ein sehr lebhaftes Kind. Er war quirlig und ungestüm. Seine Mutter jedoch war von kränklicher Konstitution. Sie litt an Asthma und hatte öfters bedrohliche Atemnotzustände. Regte sie sich auf, dann kam es durchaus vor, dass sie mit einem asthmatischen Anfall reagierte. Immer wieder, wenn er in den Augen der Mutter zu laut oder zu quengelig war, hörte er vorwurfsvolle Aussagen wie diese: »Wie kannst du mir das nur antun!« Oder: »Willst du etwa, dass es Mama schlecht geht?«

Versuchte er sich als Kind lautstark für seine Bedürfnisse einzusetzen, wurden diese mit Schuldvorwürfen im Keim erstickt. Er begann, sich permanent schuldig zu fühlen. Stritten sich die Eltern oder ging irgendetwas zu Hause schief, fühlte er sich sofort schuldig. Was hatte er wohl wieder falsch gemacht?

Als Erwachsener hatte er es schwer, eine dauerhafte Partnerschaft zu führen. Meist begannen die Beziehungen sehr verheißungsvoll. Markus hatte gelernt, sich zurückzunehmen, ja, seine Bedürfnisse gar nicht erst wahrzunehmen. Seine vordergründige Sorge war, dass es seiner Partnerin gut ging. Über seine vielen gescheiterten Partnerschaften meinte Markus rückblickend, dass sie immer nach demselben Muster begannen: »Ich überschüttete meine Partnerin zunächst mit all meiner Liebe, machte ihr schöne Geschenke, aber mir selbst war ich gar nichts wert.« Nach einer Weile wendeten sich die Angebeteten jedoch wieder von ihm ab. Entweder fühlten sie sich von seiner aufdringlichen Liebe wie eingeschnürt oder sie verloren schlichtweg das Interesse an Markus.

Im Grunde war es jedoch Markus selbst, der sich hinter der Fassade des übertrieben bescheidenen, ja devoten Partners versteckte, was dazu führte, dass sein Gegenüber zum Menschen Markus mit seinen je eigenen Gefühlen und Bedürfnissen gar nicht durchdringen konnte. Eigentlich wünschte er sich doch von ganzem Herzen menschliche Nähe. Seine permanenten Schuldgefühle führten jedoch dazu, dass er bei

Unstimmigkeiten mit seiner Partnerin entweder glaubte, sich entschuldigen zu müssen, oder dazu überging, der Partnerin seinerseits Vorwürfe zu machen. Beides erzeugte letztlich aber immer wieder aufs Neue eine Distanz, unter der beide litten. Schließlich verlor Markus ganz den Mut, sich auf neue Beziehungen einzulassen. Zunehmend zog er sich zurück, fühlte sich überflüssig, wertlos und depressiv.

Markus entschied sich für eine Therapie, um sich besser verstehen zu lernen. Sein bisheriges Konzept bestand offenbar darin, sich selbst und seine Bedürfnisse zurückzustellen, in der Hoffnung, seine Partnerin würde dann ihrerseits als Ausdruck ihrer Liebe seine unausgesprochenen Bedürfnisse erkennen und erfüllen. Ihm wurde nach und nach klar, dass es an ihm war, sich selbst wichtig zu nehmen und sich als gleich-wertig zu betrachten. Er musste selbst die Verantwortung dafür übernehmen, was er brauchte. Die Erkenntnis, sich nicht schuldig fühlen zu müssen, nur weil er sich für ein eigenes Bedürfnis einsetzt, war für ihn von großer Wichtigkeit.

Er verstand, dass seine übermäßigen Schuldgefühle wie Stolpersteine auf dem Weg der Selbstliebe und damit auch der partnerschaftlichen Liebe waren. Er lernte den Unterschied kennen zwischen realer Schuld – dort, wo er tatsächlich einen Fehler gemacht hatte – und seinen übertriebenen neurotischen Schuldgefühlen. Markus erlebte es als sehr entlastend, dass er – wie alle anderen auch – Fehler machen darf, dafür geradestehen kann und deswegen dennoch kein schlechter Mensch ist. Andererseits war es für ihn ungemein wohltuend, sich gegenüber unangemessenen Schuldvorwürfen – seien es Selbstvorwürfe oder übertriebene Anklagen anderer – abgrenzen zu dürfen.

Er begann, sich selbst immer wieder aus einer Haltung des Mitgefühls und Wohlwollens heraus die folgenden klärenden Fragen zu stellen:

Um welche Angelegenheit handelt es sich gerade? Ist es meine Angelegenheit und damit in meiner Verantwortung? Oder ist es die Angelegenheit eines anderen und damit in seiner Verantwortung? Oder ist es weder in meiner Verantwortung noch in der eines anderen – sondern ist eine schicksalshafte höhere Macht dafür zuständig? Nur im ersten Fall habe ich dafür geradezustehen und die persönliche Verantwortung zu tragen.

Klapperstorch

Ebenso wie übermäßige Schuldgefühle können auch in der Vergangenheit erlittene, tiefsitzende Beschämungen den Weg der Selbstliebe erschweren. Schuldgefühle vermitteln uns den Eindruck, dass etwas an unserem Verhalten falsch ist. Schamgefühle machen uns jedoch glauben, dass wir selbst falsch sind oder etwas an uns nicht der gewünschten Norm entspricht. Wer beschämt ist, fühlt sich bloßgestellt, in seinem Bedürfnis nach Intimität beschädigt und in seiner menschlichen Würde verletzt.

Paula war eine schüchterne, introvertierte Schülerin, die in der Klassengemeinschaft vor allem dadurch auffiel, dass sie wenig Kontakt zu ihren Altersgenossen hatte. Immer wieder wurde sie gehänselt, da sie auch durch ihr schlaksiges Äußeres Angriffsfläche bot. Da sie ihre langgewachsenen, dünnen und eher bleichen Beine selbst als hässlich empfand, trug sie keine Röcke oder kurze Hosen, sondern versteckte sie am liebsten in einer Jeans.

In der neunten Klasse hatte sie einen Sportlehrer, der sie offenbar schon länger auf dem Kieker hatte. Paula führte dies auf ihre eigene Unsportlichkeit und ihre damit verbundene Furcht vor dem Sportunterricht zurück. An den Sportstunden nahm sie stets in einer langen Jogginghose teil, während ihre Mitschüler Shorts trugen. Irgendwie schien sich der Sportlehrer zunehmend auf sie einzuschießen, und er machte in Anwesenheit der Klassenkameraden immer wieder abwertende Bemerkungen: »Du hast wohl mit dem Storch gewettet und die Beine gewonnen«, war dabei noch die netteste Spitze. Die Mitschüler verpassten ihr den Spitznamen »Klapperstorch«, was sie jedes Mal erröten ließ.

Eines Nachmittags passten ein paar Jungs sie vor der Umkleide ab, machten sich über sie lustig und zogen an ihren Hosenbeinen, um die »Storchenbeine« zu entblößen. Sie wehrte sich erfolglos und schließlich stand sie ganz ohne ihre beschützende Sporthose da. Sie fühlte sich zum Gespött der ganzen Klasse gemacht.

Noch Jahre später dachte sie mit Grausen an dieses Ereignis zurück. Mittlerweile war sie eine gutaussehende junge Frau, wobei ihr der bleiche Hautteint geblieben war. Gerne wäre sie im Sommer ins örtliche Freibad gegangen, doch etwas in ihr hielt sie davor zurück. Offenbar war es ihr immer noch peinlich, ihre nackten Beine in der Öffentlichkeit zu zeigen. Da fiel ihr ein Buch zur Arbeit mit dem inneren Kind in die Hände.

Sie konnte diese modellhafte Betrachtung, wonach frühere prägende Erlebnisse uns in unserer Gefühlswelt, in unseren Gedanken und in unserem heutigen Erleben weiter begleiten, gut nachvollziehen. Ihr inneres Kind hatte offensichtlich die Beschämung aus dem Sportunterricht noch nicht vergessen, deshalb fiel es ihr auch heute noch schwer, sich zwanglos in kurzen Hosen oder mit Röcken zu zeigen.

Sie war fest entschlossen, sich um diesen Teil in ihr mehr zu kümmern, und begann, mit dem kleinen Mädchen in ihr in einen liebevollen Dialog zu treten. Immer, wenn sie sich mit dem Gefühl der Peinlichkeit oder der Möglichkeit, beschämt zu werden, konfrontiert sah, nahm sie Kontakt zu der Kleinen auf. Sie sprach beruhigend und verständnisvoll mit dem Mädchen in ihr, das nach wie vor große Angst vor Beschämungen zu haben schien, und ermutigte es zu neuen Verhaltensweisen. Nach und nach gelang es Paula immer besser, sich mitfühlend und fürsorglich um ihr inneres Kind zu kümmern und mit ihm schließlich auch Spaß im Freibad zu haben.

Die Farbe Gelb

Ein strahlender Herbsttag im Oktober. Die große Linde im Garten leuchtet im warmen Gelb. Und auch der Holunder, die Weinrebe und die Obstbäume schmücken sich mit diesem wohltuend gelb-goldenen Glanz. Die ganze Natur scheint eingehüllt in ein mildes Licht, das wie Balsam für meine Seele wirkt. Unverhofft tauche ich ein in die Bilder von Vincent van Gogh. Im vergangenen Sommer, während einer Reise durch die Provence, hatte ich endlich die Gelegenheit, dem Leben und Wirken des von mir schon lange bewunderten Künstlers in seiner südfranzösischen Wahlheimat nachzuspüren.

Van Gogh ist für mich, und wohl für viele andere auch, einer jener Meister, dem es auf magische Weise gelang, mittels seiner Bilder beim Betrachter eine tiefe innere Berührung auszulösen.

Sein Leben war geprägt von einem lebenslangen Ringen. Er schwankte zwischen großer euphorischer Schaffenskraft einerseits und tiefer innerer Niedergeschlagenheit andererseits. Wie ein Besessener malte er Bilder von einfachen Menschen, deren lichten und dunklen Seiten er auf mitfühlende Weise Ausdruck verlieh. Er zeichnete dabei sein eigenes Ringen zwischen den Polen seines Lebens nach, den Polen von vitaler Lebenslust und tiefer Verzweiflung. Am Ende seines Lebens verbrachte er über ein Jahr in der Nervenheilanstalt von Saint Rémy, wo das Malen für ihn selbst zu einer Therapie wurde, und viele seiner berühmtesten Bilder sind dort entstanden. In Gedanken kehre ich zurück in seine dortige Zelle, die ich im Sommer besuchen durfte. Ich erinnere mich an den Blick aus dem vergitterten Fenster auf das Goldgelb der Getreidefelder und der Sonnenblumen, die zu van Goghs bevorzugten Motiven gehörten.

Immer wieder tauchte er seine Landschaften und seine Motive in das helle, freundliche Licht der Sonne. Die Sonne mit ihrem warmen gelben Licht verlieh den einfachen Menschen seiner Bilder eine ganz besondere Würde und Schönheit. Die Farbe Gelb zeugt von der Wärme, dem tiefen Mitgefühl, mit dem Vincent van Gogh Freude und Leid des menschlichen Lebens auf untrennbare Weise verband. Gelb war seine Lieblingsfarbe und drückte seine tiefe Mitmenschlichkeit, sein mitfühlendes Herz aus.

Mir scheint, als möchte er uns damit einladen, auf unser eigenes Leben immer wieder einen warmen, mitfühlenden Blick
zu werfen. Wie entscheidend ist es doch, ob wir uns selbst mit
hartem oder mit weichem Blick betrachten. Unser Lebensglück
ist abhängig davon, wie wir uns selbst sehen: Ob wir uns mit
warmen, barmherzigen Augen annehmen oder uns selbst mit
strengem, kühlem Blick abwerten.

Mögen wir unser eigenes Leben immer wieder in ein warmes, gelbes Sonnenlicht tauchen und uns mit Selbstmitgefühl
begegnen. Mögen wir mit einem milden, barmherzigen Blick
auf unser eigenes Ringen schauen, auf unser einzigartiges
Sein, mit dem Heilen und dem Zerbrochenen unseres Lebens.
Und mögen wir im Herbst die Ernte unseres Lebens einfahren
dürfen, die nährt und Leben spendet.

SELBSTLIEBE IST …
DIE EIGENE LIEBESFÄHIGKEIT
UND LIEBENSWÜRDIGKEIT SPÜREN

Beginn und Ende des Lebens sind Zeiten einer ganz besonderen Gnade. Wir können an den Grenzen des Lebens sehr
wichtige Erfahrungen machen und daraus essentielle Einsichten gewinnen.

Kommt ein Mensch auf die Welt, spüren wir intuitiv: Das
einzig Wichtige ist, dass er lebt! Es ist in diesem Moment völlig zweitrangig, welches Geschlecht, welche Haarfarbe, welche

anderen äußeren Attribute dieser Mensch aufweist. Einzig und allein, dass er da ist, zählt. Auch ist es völlig egal, was dieser kleine Erdenbürger wohl später für einen Beruf ausüben wird und welchen gesellschaftlichen Status sie oder er einnehmen wird – nur ihr oder sein Dasein ist wesentlich. Du bist da und allein dadurch bist du schon liebenswert – das ist die Grunderfahrung der Liebe.

Ein Neugeborenes erinnert uns an die tiefe Liebe, den Liebeskern in uns selbst. Wir sind nicht nur fähig, Liebe zu schenken, und würdig, Liebe zu empfangen, sondern wir sind von Natur aus Liebe. Liebe ist die Essenz unseres Seins. Ein Neugeborenes ist kein leeres Gefäß, das es zu füllen gilt, sondern es ist ein Kelch voller Liebe.

Ein gesunder Erwachsener, der ein Neugeborenes in Händen hält, geht mit diesem Wesen in Resonanz: Er empfindet Gefühle der Zuneigung, der Fürsorge, der Freude, der Liebe. Wir alle sind von unserem eigentlichen Kern her solche Liebes-Wesen, und jedes Neugeborene erinnert uns an diese Qualität unseres eigenen Menschseins.

Ich möchte Sie an dieser Stelle einladen, sich die menschliche Entwicklung als ein kreisförmiges Schichtenmodell vorzustellen, vergleichbar dem Wachstum eines Baumes. Wenn wir uns einen Querschnitt eines Baumstammes anschauen, so wächst der Baum von innen nach außen in konzentrischen Kreisen, den bekannten Jahresringen. Stellen Sie sich vor, dass in unserer menschlichen Entwicklung unser eigener *Liebeskern* dem innersten Kern des Baumstammes entspricht.

Darüber bildet sich eine Schicht, die ich die *Verletzungsschicht* nennen möchte, die sich wie ein Jahresring über den Liebeskern zieht. Nach dem Zauber des Neuanfangs beginnt die Zeit der Erziehung, die geprägt ist von Vorstellungen, Erwartungen und Vorerfahrungen der Eltern. Die Zeit der Kindererziehung ist meist eingebettet in eine Phase von nicht unerheblichem äußeren Stress für die Eltern: Beruf, Geld, soziales Umfeld, all das kann gehörigen Druck auf die Erziehenden ausüben. Das Kleinkind, das noch auf natürliche, sehr unmittelbare Weise in Kontakt mit seinen Bedürfnissen ist und diese etwa durch Schreien mitteilt, lernt nach und nach, sich anzupassen, brav, nett und später auch fleißig zu sein. Es soll sich ja nach dem Vorbild der Eltern zu einem »richtigen« Erwachsenen entwickeln. Jedes Kind wird im Laufe dieses Erziehungsprozesses auf unterschiedliche Weise seelische und emotionale Verletzungen erleiden. Diese schmerzhaften Erfahrungen brennen sich in uns ein und bilden eine Art körperliches Schmerzgedächtnis.

Aus Angst vor erneuten Verletzungen bildet das heranwachsende Kind eine weitere Schicht, die *Angstschicht* aus. Diese Schicht zieht sich in dieser modellhaften Vorstellung wiederum vergleichbar einem konzentrischen Kreis über die darunterliegende Verletzungsschicht. Um die alten seelischen und emotionalen Schmerzen nicht mehr spüren zu müssen, entwickelt das Kind in dieser Phase Bewältigungsstrategien, die es vor erneuten Verletzungen schützen sollen. Wurde ein Kind etwa schon in jungen Jahren mit tiefgreifenden Erfahrungen des Verlassenwerdens konfrontiert, wird dieser Mensch in seinem späteren Leben alles Mögliche tun, um den alten Verlassenheitsschmerz zu vermeiden.

Letztlich bildet der heranwachsende Mensch noch eine weitere, äußere Schicht aus, die ich *Panzerschicht* nennen würde. Unser Panzer ist unsere Schutzschicht, mit der wir als Erwachsene durchs Leben gehen, um nicht den darunterliegenden Schichten von Angst und Verletzung begegnen zu müssen. Diese wäre im Bild des kreisförmigen Baumstamms vergleichbar mit der Rinde des Baums. Je größer die Angst eines Menschen vor erneuten Verletzungen ist, desto mehr wird er seine Panzerschicht verstärken. Je mehr sich ein Mensch mit seiner Panzerung identifiziert (dies können etwa äußere Attribute wie soziale Rollen, gesellschaftliches Prestige oder lange eingeübte Abwehrmechanismen sein), umso schwerer wird es für ihn, seinen eigentlichen Liebeskern wahrzunehmen und sich dort von anderen berühren zu lassen. Paradoxerweise ist jedoch gerade bei den Menschen, die eine besonders starke Panzerschicht aufgebaut haben, die insgeheime Sehnsucht nach Liebe besonders groß.

Immer wieder bietet das Leben Gelegenheiten, um von der rein äußeren Panzerschicht mehr in Verbindung zu unserem eigentlichen Liebeskern zu treten. Insbesondere geschieht dies in Zeiten, in denen Menschen krank werden oder in Krisen geraten – und dabei wieder mit ihren Ängsten und alten Schmerzen konfrontiert werden. Die Wörter »Medizin« und »Meditation« leiten sich nicht zufällig vom lateinischen Wort »medium« ab, was so viel wie Mitte oder Mittelpunkt heißt. Die eigentliche Aufgabe von Medizin und Meditation besteht meines Erachtens darin, den kranken oder den sinnsuchenden Menschen wieder in seine Mitte zu führen. Das Finden der Mitte ist jedoch kein einmaliger Akt, sondern letztlich ein ständig wiederkehrender Prozess. Der Weg der Heilung führt durch die Angst und den Schmerz, denn sie sind die Zugangswege zu unserer Mitte. Das lateinische Wort für Heilmittel lautet tatsächlich auch »remedium« (lat.: re = immer wieder, medium = Mitte, Mittelpunkt) und drückt rein sprachlich schon das aus, was wir als Menschen so dringend benötigen: Immer wieder in Kontakt mit unserer Mitte, unserem Liebeskern, unserem inwendigen Gutsein zu treten. Wir er-innern uns unseres innersten Kernes, unserer tiefen Liebesfähigkeit und Liebenswürdigkeit.

Eine ganz besondere, wenn auch oftmals sehr schmerzhafte Gelegenheit für ein solches Erinnern ist das Sterben eines Menschen. Hier bietet sich sowohl für den, der geht, als auch für die, die zurückbleiben, eine große Chance, Unerledigtes zu bereinigen. Im Verabschieden eines Sterbenden liegt die Möglichkeit, sich ganz neu der Liebe und der Dankbarkeit zu erinnern, die zwei Menschenleben miteinander verbunden haben. Jeder Mensch trägt zeitlebens tief in sich diesen Liebeskern. Im Sterbeprozess kommt es zu einem Zerbrechen der äußeren Hülle, sodass der eigentliche Liebeskern aus dem Inneren heraus zu leuchten vermag.

Da wir aber im alltäglichen Getriebensein des Lebens oftmals unsere wahre Liebesnatur zu vergessen scheinen, kann es hilfreich sein, sich eine Erinnerungshilfe zu suchen.

Ich lade Sie ein, einen für Sie passenden Gegenstand zu finden, der Sie an Ihre Mitte, Ihren Liebeskern erinnert. Vielleicht ist es eine kostbare Perle, die Sie um den Hals tragen wollen, oder ein besonderer Stein, den Sie an einem geeigneten Platz aufbewahren. Was auch immer es sei – mögen Sie sich Tag für Tag Ihrer wahren Liebesnatur erinnern.

Geschenk des Himmels

Als ich mich beim Schreiben dieses Kapitels fragte, was denn für mich persönlich die berührendste, die tiefste Erfahrung von Liebe in meinem bisherigen Leben war, kam mir sofort die Geburt unserer Zwillinge in den Sinn.

Aufgrund von schwerwiegenden Schwangerschaftskomplikationen musste meine Frau bereits ab dem zweiten Schwangerschaftsdrittel durchgängig strenge Bettruhe einhalten. Über mehrere Wochen begleitete uns die bange Frage, ob denn die Schwangerschaft lang genug gehen würde, um das Überleben der Kinder zu ermöglichen.

Schließlich kamen die beiden Kinder gesund zur Welt. Ich werde nie den Moment vergessen, als ich bei der Entbindung im Kreißsaal den ersten Schrei und dann noch einen hören durfte. Es traf mich in Mark und Bein.

Ja, sie sind da! Ja, sie leben!

Als ich unmittelbar danach diese beiden Himmelsgeschenke im Arm halten durfte, war ich so tief innen berührt wie noch nie in meinem Leben. Eine Welle von tiefer Liebe und Verbundenheit durchströmte mich.

Für eine Weile durften wir ungestört zu viert im Zimmer sein. Es schien mir, als sei der ganze Raum auf magische Weise von einem sanften Licht und einer wohligen Wärme erfüllt. Tiefer Frieden umhüllte uns wie ein geheimnisvoller Zauber. Ich wollte diesen Raum gar nicht mehr verlassen. Erst als die Nachtschwester mich bat, nach Hause zu gehen, verließ ich das Krankenhaus.

Spätabends kam ich zu Hause in unserer Mietwohnung an. All die innere Anspannung schien nun von mir abzufallen, und ich fing an zu weinen. Es war, als ob die Schleusen einer gigantischen Dammmauer geöffnet würden, und mich überfluteten Wellen von tiefem emotionalem Ergriffensein.

Unerwartet klopfte es an die Türe. Die unter uns wohnende Vermieterin stand besorgt im Flur, da sie meinte, Schluchzen gehört zu haben, und sich nach mir erkundigen wollte. Stammelnd konnte ich ihr vom großen Glück der Geburt unserer Zwillinge berichten. Wortlos strahlte sie mich an, begann mit mir vor Freude zu weinen, und wir hielten uns lange gegenseitig im Arm. Mir schien, als ob ein Stein ins Wasser geworfen worden sei und die Wellen sich nach allen Richtungen ausdehnen wollten.

Auch heute, beim Schreiben dieser Zeilen ist mir, als ob mich die sanften Wellenbewegungen der Liebe erneut forttragen möchten.

Das Schreckgespenst

Nach vielen Jahren traf ich unverhofft Wolfgang, einen alten Schulfreund, wieder. Unsere Wiedersehensfreude war groß, und so genossen wir es sehr, bei einer Tasse Kaffee uns gegenseitig zu berichten, was sich denn in unser beider Leben in den vergangenen Jahren so zugetragen hatte. Besonders berührt war ich von seiner Erzählung über die Demenzerkrankung seines Vaters Karl:

»Lange wollten meine Brüder und ich der Tatsache, dass Vater zunehmend vergesslicher wurde, nicht ins Auge sehen. Die Vorstellung, Vater an die magische Welt von Alzheimer zu verlieren, schien zu schrecklich zu sein. Ich kann mich noch genau an den Moment erinnern, als es mir klar wurde, dass es kein Ausweichen mehr gibt. Vater rief mich an und beklagte am Telefon, dass Onkel Heinz sich schon lange nicht mehr gemeldet habe. Onkel Heinz war jedoch schon seit vielen Jahren tot. In meinem Kopf war blitzartig der Gedanke: Ich verliere meinen Vater. Ich spürte deutlich, wie in mir ein tiefer Trauerprozess Raum greifen wollte: Vom anfänglichen Nichtwahrhabenwollen, der Wut und Ohnmacht, bis hin zum erlösenden Weinendürfen. Je mehr ich nach und nach all diese Phasen zuließ, desto schwächer wurde meine innere Auflehnung und desto größer wurde der Raum der Akzeptanz. Ja, ich war dabei, meinen Vater zu verlieren. Durch die Demenz verschwand nach und nach seine Person mit ihren Prägungen und ihrem Gewordensein. Doch zeitgleich mit dem Abfallen der äußeren Schale kam mehr und mehr der eigentliche Mensch zum Vorschein. Der Mensch Karl mit seinen Bedürfnissen nach Zuwendung, nach Angenommensein, nach körperlicher Berührung und nach Geliebtsein.

Hatte ich ihn bisher vor allem in den eher unangenehmen Seiten seines Vaterseins wahrgenommen, so bot sich jetzt die

Gelegenheit, ihn auf eine ganz neue Weise kennenlernen zu dürfen. Ich begann mich mehr dafür zu interessieren, wer er denn selbst als kleiner Junge war? Was hatten die Wirren des Zweiten Weltkriegs mit dem damaligen Schuljungen gemacht? Was hatte er für Träume? Was für Ängste trieben ihn um? Da seine Erinnerungen mehr und mehr verblassten, bat ich meinen Vater bei jedem meiner Besuche, mir Geschichten von früher zu erzählen. Wer weiß, ob er mir sie beim nächsten Mal noch erzählen kann? Offenbar spürte er mein wirkliches Interesse und berichtete bereitwillig so manche Episode seiner Kindheit und Jugend, über die ich nur staunen konnte. Zum ersten Mal verstand ich, wie sehr er unter der fehlenden Anerkennung seines eigenen Vaters gelitten hatte und wie schwer es ihm selbst fiel, seinen drei Söhnen Wertschätzung zu schenken.

Manchmal weinen wir zusammen, wenn er sein aktuelles Leid beklagt oder ein alter Schmerz sich meldet. Wie schön, dass wir beide es heute zulassen können, gemeinsam zu weinen. Vor seiner Demenzerkrankung wäre das nicht möglich gewesen. ›Man weint doch nicht, was sollen denn da die anderen Leute denken‹, pflegte er früher meinen beiden Brüdern und mir zu sagen. Wie wohltuend ist es nun, ihm durchs schüttere Haar zu streichen, seine zittrige Hand zu halten, seinen schmerzgeplagten Rücken zu kraulen. Wir begegnen uns dank der Demenz meines Vaters nun auf eine andere, sehr nahe Weise, jenseits von den ursprünglichen Rollen, die das Leben uns zugedacht hatte.

In mir findet eine tiefgreifende Veränderung meiner Beziehung zu meinem Vater statt: Früher litt ich oftmals unter seiner herrschsüchtigen und cholerischen Art. Wir hatten über viele

Jahre ein gestörtes Verhältnis, sodass ich es als junger Erwachsener zeitweise sogar vermied, ihm überhaupt zu begegnen. Erst durch die Demenz sind wir uns erstmals wirklich nahe gekommen. Ich entdecke dadurch sowohl seine Liebenswürdigkeit als auch meine Fähigkeit, ihm meine Liebe zu zeigen. Er sang früher leidenschaftlich gerne im Kirchenchor und ich wusste, dass ›Stille Nacht, Heilige Nacht‹ sein Lieblingslied war. Als ich neulich an seinem Bett dieses Lied für ihn sang, war ein tiefer Friede zwischen uns. Ich bin so dankbar, dass ich ihm durch die Demenz am Ende seines Lebens auf eine so friedvolle Weise begegnen kann.« Berührt von seiner Schilderung tauchte in mir folgender Gedanke auf:

›Ja, lieber Wolfgang, ich bin davon überzeugt, dass alle Schwierigkeiten unseres Lebens letztlich auch immer ein Geschenk in Händen halten. Wenn wir denn dafür offen sind, dieses auch zu empfangen.«

Stille heilt

Kürzlich hörte ich von einer sehr alten indischen Legende, die mir in gewisser Weise aber hochaktuell zu sein scheint und die ich daher an dieser Stelle gerne wiedergeben möchte:

Am Anfang wohnten die Menschen bei den Göttern, da auch sie göttlichen Ursprungs waren. Doch dann trieben es die Menschen zu bunt, und die oberste Gottheit Brahma beschloss mit den anderen Hauptgöttern, die Menschen auf die Erde zu verbannen und ihr Wissen um ihren göttlichen Ursprung vor ihnen geheim zu halten. Die Hauptgottheiten berieten miteinander, wo man dieses Wissen vor den Menschen verbergen könnte, sodass sie es nicht finden würden. Die Idee, es tief in der Erde zu vergraben, wurde alsbald wieder verworfen, da die Menschen bestimmt anfangen würden, in der Erde danach zu suchen. Auch der Vorschlag, dieses Wissen am tiefsten Punkt des Ozeans zu versenken, wurde von den Hauptgottheiten abgelehnt, da die Menschen sicherlich früher oder später aufbrechen würden, um auch diesen Ort zu erkunden. Schließlich war es Brahma selbst, der auf die Idee kam, tief im Innern, im Herzen der Menschen dieses Wissen um ihren göttlichen Ursprung zu verwahren, da sie nie auf die Idee kommen würden, in sich danach zu suchen. So kam es, dass die Menschen bis auf den heutigen Tag die ganze äußere Welt absuchen, nach etwas, das sie aber nur in sich selbst finden können.

Auch heute noch suchen so viele Menschen bis zur völligen Erschöpfung im Außen nach Anerkennung und Wertschätzung, ohne einmal innezuhalten, um in sich selbst fündig zu werden.

So war es auch mit Helga. Sie war von Beruf Sozialarbeiterin und verausgabte sich über alle Maßen für ihre Klienten. Schon als Kind war sie sehr fleißig gewesen, ohne es der Mutter je recht machen zu können. Als Erwachsene arbeitete sie ruhelos, opferte sich für Beruf und Partnerschaft auf, ohne die gewünschte Wertschätzung zu erhalten. Als sie zu uns in die Klinik kam, berichtete sie, dass sie schon ihr ganzes Leben gekämpft habe. In allem, was sie bisher getan hatte, hatte sie sich immer sehr angestrengt, da sie glaubte, sich permanent beweisen zu müssen.

Ich lud Helga ein, einmal einen ganzen Tag still zu werden, nichts zu tun, einfach nur da zu sein. Tags darauf berichtete sie, wie furchtbar die stille Zeit für sie gewesen sei, da sie all die Unruhe in sich noch deutlicher gespürt habe. Am Schlimmsten war jedoch gewesen, dass sie mit einem Gefühl von tiefer Wertlosigkeit in Kontakt gekommen war. Nach und nach wurde Helga bewusst, wie sehr sie sich bisher in einen ständigen »Tun-Modus« geflüchtet hatte, um ihrer eigenen Verletzlichkeit nicht begegnen zu müssen.

Trotzdem war sie bereit, den Weg nach innen weiter zu gehen, um die Erfahrung des Seins, des bloßen Daseins zu erforschen. Es kam ihr vor, als ob sie anfangs in der Stille nur die Oberfläche eines unruhigen Sees wahrgenommen hatte. Je öfter sie sich der Stille anvertraute, desto mehr konnte sie mit jedem Tauchgang tiefer in sich selbst eintauchen und eine ganz neue Welt kennenlernen.

»In der Stille habe ich erstmals erlebt, was es bedeutet, einfach anstrengungslos da zu sein. Ich bin Schicht für Schicht tiefer gekommen und es wurde immer heller und klarer. In diesem stillen Daseindürfen war es mir, als ob ich einen heiligen Raum betrete. In mir war tiefe Freude, ein Pulsieren, wie wenn mein Herz sich ganz neu öffnen würde. Ich spürte eine tiefe Verbundenheit und es kam mir vor, als ob eine Lichtkugel in meinem Herzen läge und dieses Licht in die ganze Welt hinaus leuchten ließe.«

Das Aikido-Prinzip

Einige Jahre genoß ich das Privileg, in der Nähe einer Aikido-Schule zu wohnen. Jeden Freitagabend ging ich dort

hin, um diese japanische Bewegungs- und Kampfkunst zu er-
lernen. Aus heutiger Sicht habe ich dabei ein wesentliches
Prinzip der Selbstliebe kennengelernt, ohne es damals bereits
verstanden zu haben.

Aikido ist nämlich nicht nur eine friedvolle Weise der Selbst-
verteidigung, es ist vielmehr eine Geistesschulung. Eine wört-
liche Übersetzung der drei japanischen Silben Ai-Ki-Do lautet
sinngemäß: »Der Weg der Versöhnung von Gewalt durch Verbindung mit der universellen Lebenskraft der Liebe«. In den
Übungen ging es immer wieder darum, das Ki – also die uni-
verselle Lebenskraft – in unserer körperlichen Mitte zu spüren.
Die wichtigste Aufgabe bestand darin, möglichst zentriert im
Kontakt mit der eigenen Mitte zu sein.

Ich staunte Bauklötze, wenn ich unseren Aikidolehrer dabei
beobachtete, wie er in seiner Mitte ruhend, mühelos und ohne
sich anzustrengen alle gegnerischen Angriffe mit großer Leichtigkeit zu transformieren schien. Interessanterweise gelangen
auch mir nach und nach die Wurf- und Haltetechniken immer
leichter, wenn ich tatsächlich diese Mitte in mir spüren konnte.
Verlor ich den Kontakt zur eigenen Mitte, war ich jedoch verloren: Die Übungen kosteten mich viel Kraft oder ich tat mir
sogar körperlich weh, ohne letztlich den gewünschten Erfolg
zu erzielen. Immer wieder war es die Aufgabe, die Aufmerksamkeit auf die eigene Mitte zu lenken, anstatt den Gegner zu
fixieren.

Wie ich heute weiß, verhält es sich mit der Selbstliebe genauso: Sich selbst zu lieben, bedeutet, im Kontakt mit der eigenen Mitte, der universellen Lebenskraft in mir zu sein. Die
primäre Aufgabe ist es, die Beziehung zu mir selbst, zu meiner

eigenen Mitte zu wahren. Diese Beziehung ist das Allerwichtigste. Verliere ich diese Beziehung zu meiner Mitte, dann verliere ich mich selbst. Gedanken wie »Was denken die anderen über mich?« oder »Der andere ist schuld, dass ...« sind Hinweise, dass ich den Kontakt zu meiner Mitte verloren habe. Ich habe mich selbst entfremdet und zeige mit dem Finger auf den anderen, der vermeintlich Schuld daran hat, dass es mir gerade schlecht geht, ich mich bedroht fühle und so weiter. Die eigentliche Aufgabe ist es jedoch, immer und immer wieder in meine eigene Mitte, in meine Selbstliebe zurückzukehren.

Ueshiba Morihei, der Begründer des Aikidos, wurde einmal von einem Schüler gefragt, wie es ihm denn gelinge, die Mitte nie zu verlieren. Darauf antwortete dieser: »So wie alle anderen verliere auch ich die Mitte – doch ich kehre wieder schneller in sie zurück.«

Wann haben Sie das Gefühl, am meisten Sie selbst zu sein? Wie erfahren Sie ganz konkret Ihre Mitte? Woran bemerken Sie im Gegensatz dazu, dass Sie den Kontakt zu Ihrer Mitte verloren haben? Was hilft Ihnen, wieder in Ihre eigene Mitte zurückzukehren?

Verletzungen und Fähigkeiten

Es ist noch nicht allzu lange her, da berührte die Geschichte eines kleinen Jungen viele Menschen in unserem Lande. Die Mutter des Jungen hatte sich einer Operation unterziehen müssen und verlor infolgedessen ihren Geruchs- und Geschmackssinn und schließlich auch ihren Lebensmut. Sie versank in eine

Depression und der kleine Junge machte es sich zur Aufgabe, sie daraus zu befreien. Er entwickelte sich zu einem kleinen Clown, überlegte sich viele Späße und brachte es zu einer wahren Meisterschaft, andere Menschen zu parodieren. Er tat alles, mit dem Ziel, seine Mutter wieder zum Lachen zu bringen. Ahnte er doch, dass es nicht nur darum ging, sie wieder froh zu machen, sondern sie auch am Leben zu erhalten. Doch all seine Versuche misslangen.

Eines Abends – der Vater hatte Nachtschicht und war nicht zuhause – legte sich die Mutter mit einer Überdosis Schlaftabletten ins Bett, während der Junge noch fernsehen durfte. Nach der Beerdigung der Mutter schien es dem damals Achtjährigen so, als ob die Trümmer des Krieges, der in seiner Mutter getobt hatte, in ihm lagen. Doch er wollte aus seinem Leben etwas anderes machen. Er beschloss, dass sein eigenes Leben ein großes Fest werden solle. Mutterseelenallein sagte er sich: »Ich entscheide mich für das Lachen.« Und er machte sich auf den Weg, einer der erfolgreichsten Film- und Fernsehstars in Deutschland zu werden. Er wurde zu einem Comedian, Parodist, Kabarettist, Entertainer und Schauspieler, der es auf unnachahmliche Weise verstand, Millionen Deutsche zum Lachen zu bringen.

Hape Kerkeling konnte dies, weil er – wie er in seiner Autobiografie schrieb – verstanden hatte, dass Lachen überlebensnotwendig war. Wie seine Verwandten berichteten, klingt sein heutiges Lachen wie das frühere Lachen seiner Mutter, bevor sie in die Depression verfiel, aus der sie nicht mehr herausfinden sollte. Bei all dem Traurig-Schrecklichen, das dem jungen Hans Peter widerfahren ist, hat er für sich erkannt, dass es nur zwei Möglichkeiten gibt: Entweder ich vertraue oder ich vertraue nicht. »Ich habe mich für das Vertrauen entschieden, und dieses Vertrauen ist nie enttäuscht worden«, wie er in einem Interview sagte.

Seine Autobiografie »Der Junge muss an die frische Luft – Meine Kindheit und ich« bewegte die Herzen vieler Menschen. Es ist das Tragische im Leben von Hape Kerkeling, aber es ist auch die daraus erwachsene Stärke, die berührt. Diese Geschichte zeigt, wie aus Verletzungen Fähigkeiten erwachsen. Sind wir doch alle verletzte Wesen auf dem Weg. Mögen auch wir die Fähigkeiten, die aus unseren Verletzungen entstanden sind, als solche erkennen. Mögen diese Fähigkeiten uns dabei helfen, mit den Verletzungen der Vergangenheit gut umgehen zu können. Entscheidend ist nicht die Vergangenheit selbst, sondern unser Umgang mit unserer Vergangenheit.

Dieselbe Vergangenheit kann zum Riegel werden, der uns die Zukunft versperrt – oder zum Schlüssel, der uns den Weg hin zu einem guten Leben öffnet.

Selbstachtung

Emre wurde in Frankfurt als vierter Sohn einer türkischen Gastarbeiterfamilie geboren. Er wuchs in seiner hessischen Geburtsstadt auf, aber verbrachte immer wieder auch längere Zeiten bei Verwandten in der Türkei. Schon in seiner Kindheit beschäftigte ihn die Frage nach seiner Zugehörigkeit, nach der eigenen Identität. Nach zwei abgebrochenen Lehren schloss er in der Firma, in der auch sein Vater tätig war, eine Ausbildung zum Mechatroniker ab. Aber er wollte mehr. Er arbeitete sich hoch und wurde innerhalb weniger Jahre zum Abteilungsleiter befördert. Es wurde ihm zunehmend wichtig, von allen Kollegen als Führungskraft geachtet und anerkannt zu werden. Für dieses Ziel war er bereit, hart zu arbeiten. Zu hart, wie er heute sagen würde.

Nachdem er die nächste Stufe auf der Karriereleiter genommen hatte, begann er, unter Schlafstörungen, Versagensängsten und Konzentrationsproblemen zu leiden. Er rauchte regelmäßig abends Cannabis, um irgendwie zur Ruhe zu kommen. Ein halbes Jahr später begann er, Kokain zu nehmen, da er den Eindruck hatte, »es sonst nicht mehr zu schaffen«. Ständig fühlte er sich gereizt, unzufrieden und innerlich leer.

Zunehmend verheddterte er sich in einem Netz aus Lügen und Täuschungen. Er versuchte, seinen Drogenkonsum vor allen zu verheimlichen, doch er rutschte immer tiefer in die Abhängigkeit hinein. In seiner Not wurde er »zum notorischen Lügner«, wie er heute über diese schlimmste Zeit seines Lebens sagt. Schließlich verließ ihn seine Frau mit den beiden gemeinsamen Kindern, die er doch über alles liebte. Dann kam der Zusammenbruch und ein Klinikaufenthalt – wie er heute sagt, die Kapitulation, der Wendepunkt in seinem Leben.

Seitdem besucht er regelmäßig Selbsthilfegruppen der Narcotics Anonymous und hat eine ganz neue Perspektive auf sein bisheriges Leben gewonnen: »Ich habe mich damals nur noch gehasst für all die Lügen, den Verrat, den ich an meiner Familie begangen hatte. Doch heute weiß ich, dass ich mich selbst am meisten verraten hatte. Ich hatte mich an die aufgesetzte Rolle als Führungskraft verraten, ohne mich selbst führen zu können. Heute weiß ich, dass es das Wichtigste in meinem Leben ist, mich selbst gut führen zu können, der Chef im eigenen Leben zu sein. Die größte Lüge meines Lebens war, dass ich mich selbst so wertlos gefühlt habe und mir durch Leistung Selbstwert und Liebe erarbeiten wollte. Ich musste unbedingt mit den Drogen Schluss machen, um zumindest wieder ein Quentchen Selbstachtung haben zu können und in den Spiegel schauen zu können, ohne mich zu verabscheuen.

Ich habe gelernt, wieder gut zu mir selbst zu sein, mir selbst treu zu sein. Wenn ich früher ein flaues Gefühl im Magen hatte, griff ich zu den Drogen. Heute stelle ich mir vor, dass sich mein kleiner Emre über mein Bauchgefühl meldet und mit mir in Kontakt treten will. Damals, als meine Frau schwanger war, hat es mich so berührt, wie sie die Hand auf den Bauch gelegt hat, um mit unserer ungeborenen Tochter einen Dialog zu führen, so als ob sie sagen möchte: ›Komm ich nehm' dich mit, ich pass' gut auf dich auf und lass uns gemeinsam einen schönen Tag haben.‹

Heute versuche ich mit dem kleinen Jungen in mir so freundlich zu sprechen. Ich spüre, wie schön es ist, so achtsam und behutsam mit meinem ›inneren Kind‹ umzugehen, und dadurch mitzubekommen, was ich gerade fühle und was ich selbst in diesem Moment brauche.«

Grüner Käfer in grünem Gras

Regelmäßig treffe ich mich mit einem befreundeten Berufskollegen und genieße den inspirierenden Austausch mit ihm. Eines Abends sprachen wir darüber, was jedem von uns helfe, um angesichts alltäglicher zentrifugaler Kräfte immer wieder in Kontakt mit unserer eigenen Mitte zu kommen. Wir waren uns schnell einig, dass Stille, Natur und Zeiten des Fastens wichtige Hilfsmittel für uns beide waren. Andreas berichtete mir dabei von einer ganz besonderen Erfahrung, die er im vergangenen Sommer machen durfte:

»Nach einer längeren und durchaus anstrengenden Arbeitsphase fühlte ich mich sehr erholungsbedürftig und freute mich entsprechend auf eine Woche Auszeit. Ich spürte eine Sehnsucht, in diesen Tagen in Stille in die Natur zu gehen, um mir selbst ohne äußere Ablenkung nahe sein zu können. Ich beschloss, nicht weit weg zu fahren, sondern mich ganz in der Nähe in ein unerschlossenes Seitental der Allgäuer Bergwelt zu begeben.

Dort wollte ich fünf Tage lang fastend verbringen und auch draußen in einem Biwacksack in freier Natur übernachten. Die Wettervorhersage war unbeständig, und es waren auch einzelne Wärmegewitter angekündigt. Ich spürte, wie ich bereits beim Losgehen einer inneren Angst begegnete: Was mache ich, wenn ich nachts von einem Gewitter überrascht werde? Werde ich genug Wasser finden, da ich ja während des Fastens viel trinken muss? Was, wenn ich mich verletze und Hilfe brauche?

Mir wurde klar, wie sehr es in dieser Zeit um das Thema Vertrauen gehen würde. Vertrauen in mich selbst, dass ich meine Fähigkeiten und Grenzen richtig einschätzen konnte. Vertrauen in die Natur, dass ich all das finden würde, was ich in dieser Zeit brauchte.

So machte ich mich auf den Weg, sowohl mit der Angst in mir als auch dem Vertrauen, das mir zur Verfügung stand. Immer wieder machte ich lange Pausen, in denen ich einfach still dasaß. Einerseits schien es wichtig, nach innen zu lauschen, wie es mir gerade ging, was meine Kräfte machten, wie es wohl um meinen Kreislauf bestellt war. Andererseits war es aber auch wichtig, nach außen zu lauschen: Was fand ich vor, hörte ich einen Bach, an dem ich meine Trinkflasche auffüllen konnte? Wie stand es um die Wetterlage, brauchte ich womöglich einen Unterschlupf?

Auf diese Weise kam ich gut voran. Als tatsächlich ein Gewitter aufzog, fand ich eine Höhle, in der ich mich sicher fühlen konnte. Wenn die Sonne schien, fand ich ein schattiges Plätzchen an einem Wasserlauf zum Ausruhen. Mir wurde mehr und mehr bewusst, wie wichtig es war, dass ich mich nicht nur durch die Natur bewegte, sondern in der Natur lebte. Ich fühlte mich verbunden, aufgehoben, zugehörig in diesem wunderbaren Kosmos.

In mir stieg große Dankbarkeit auf, und am letzten Tag ließ ich mich auf eine Bergwiese nieder, überwältigt von der Schönheit der Natur. Als ich so dasaß, fiel mein Blick auf einen grünen Käfer. Es war so, als ob dieser kleine Käfer auf mich gewartet hätte und mir durch sein Verhalten etwas mitteilen wollte. Ich beobachtete, wie er auf einen hohen Grashalm kletterte und, fast oben angekommen, durch eine leichte Luftbrise heruntergeworfen wurde. Er landete auf seinem rundlichen Rücken, schien ein wenig damit hin- und herschaukeln zu wollen, bis er sich mit einem Ruck wieder auf seine Beinchen umdrehte.

Unverdrossen marschierte er wieder los und suchte sich den nächsten Grashalm, an dem er hochklettern konnte. Kurze Zeit danach kam wieder ein Windhauch auf, der ihn erneut zu Boden warf. Doch dieses kleine Wesen gab nicht auf und drehte sich in einer leichten Schaukelbewegung wieder auf die Beine, um erneut loszulaufen. Ein nächster Grashalm war sein Ziel, das er klaglos zu verfolgen schien, um oben angekommen eine stärkende Mahlzeit einzunehmen. Ich schmunzelte. Der Käfer schien mir auf seine Weise das Thema des Vertrauens, das mich all die Tage begleitet hatte, zu erklären:

Das Leben ist wie eine grüne saftige Wiese. Es ist in seiner unendlichen Fülle sehr großzügig und schenkt immer wieder neue Gelegenheiten. Fallen wir hin, geht es darum, einfach wieder aufzustehen und nicht der verpassten Chance nachzutrauern, sondern den nächsten Halm, die nächste Gelegenheit zu ergreifen. Fallen ist nichts anderes als Landen auf der großen Wiese. Er, der kleine grüne Käfer, schien mir sagen zu wollen: ›Hab keine Angst, du bist – so wie ich – ein wunderbares Geschöpf Gottes, und du wirst von seiner großen Liebe getragen.«

SELBSTLIEBE IST ... FÜRSORGE FÜR SICH SELBST ÜBERNEHMEN

Die entscheidende Stelle auf dem Weg der Selbstliebe ist die Selbstfürsorge. Letztlich genügt es nicht, dass wir uns für das Thema der Selbstliebe interessieren, darüber nachdenken und uns freundliche Gedanken schenken. Wirklich entscheidend ist, ob wir als Erwachsene *tat*sächlich die volle Verantwortung für uns selbst übernehmen und uns handelnd dafür einsetzen. Ein englisches Sprichwort besagt: »Action speaks louder than words.« In dem Maße, wie wir uns für unsere wahren Bedürfnisse etwa nach Wachstum, Verbundenheit oder Sinnhaftigkeit einsetzen, in dem Maße lieben wir uns selbst.

Selbstfürsorge hat insbesondere auch damit zu tun, bewusst auf unsere körperliche, geistige und seelische Gesundheit zu achten und die Verantwortung für unser eigenes Wohlergehen zu übernehmen. Ein selbstfürsorglicher Mensch achtet auf die eigenen Träume, Sehnsüchte und Werte, die ihm am Herzen liegen.

Der bekannte buddhistische Mönch Thich Nhat Hanh drückt dies auf seine Weise so aus: »Friede beginnt damit, dass jeder von uns sich jeden Tag um seinen Körper und seinen Geist kümmert.«

Selbstfürsorge bedeutet demnach auch, den Wunsch aufzugeben, dass ein anderer Mensch, etwa mein Partner, sich für mein Wohlergehen zuständig erklärt und die Verantwortung für die Erfüllung meiner Bedürfnisse übernimmt.

Im Folgenden möchte ich Ihnen einen sehr berührenden Text von Bernhard von Clairvaux aus dem 12. Jahrhundert weitergeben. Darin wird in einer schönen Metapher beschrieben, wie wichtig es ist, zuerst für sich selbst zu sorgen, bevor wir für andere in guter Weise da sein können. Besonders Menschen, deren berufliche Aufgabe es ist, Fürsorge für andere zu übernehmen, müssen immer wieder darauf achten, dass sie auch fürsorglich mit sich selbst sind. Erst dann können sie auch mit ganzem Herzen für andere da sein.

Schale der Liebe

Wenn du vernünftig bist, erweise dich als
Schale und nicht als Kanal, der fast gleichzeitig
empfängt und weitergibt, während jene wartet,
bis sie gefüllt ist.

Auf diese Weise gibt sie das, was bei ihr
überfließt, ohne eigenen Schaden weiter. Lerne
auch du, nur aus der Fülle auszugießen, und
habe nicht den Wunsch, freigiebiger zu sein
als Gott. Die Schale ahmt die Quelle nach.
Erst wenn sie mit Wasser gesättigt ist, strömt
sie zum Fluss, wird sie zum See. Du tue das
Gleiche! Zuerst anfüllen und dann ausgießen.
Die gütige und kluge Liebe ist gewohnt
überzuströmen, nicht auszuströmen. Ich
möchte nicht reich werden, wenn du dabei leer
wirst. Wenn du nämlich mit dir selber schlecht
umgehst, wem bist du dann gut? Wenn du
kannst, hilf mir aus deiner Fülle; wenn nicht,
schone dich.

(BERNHARD VON CLAIRVAUX, 1090-1153)

Ich lade Sie ein, nach innen zu spüren, sich selbst wie eine
Schale wahrzunehmen und sich zu fragen, wie es denn jetzt
gerade um Ihre Schale bestellt ist. Ist Ihre Schale voll oder leer?

Was vermag Ihre Schale wieder neu zu füllen? Was möchten Sie sich jetzt konkret gönnen, um wieder in die innere Fülle zu kommen? Wie leicht oder schwer fällt Ihnen die Vorstellung, dass Sie selbst verantwortlich sind für Ihre eigene Schale? Fällt es Ihnen leichter, für andere zu sorgen als für sich selbst? Plagt Sie ein schlechtes Gewissen, wenn Sie sich erlauben, nach Ihrer eigenen Schale zu schauen?

FreiZeit

Ich weiß nicht, wie es Ihnen geht. Mir persönlich hilft manchmal ein Gegenbeispiel, etwas, das zeigt, wie man es *nicht* machen soll, um besser zu verstehen, wie etwas denn eigentlich gedacht wäre. An dieser Stelle möchte ich Ihnen gerne eine Begebenheit aus meinem Leben erzählen, an der Sie gut erkennen können, wie das genaue Gegenteil von Selbstfürsorge aussieht.

Es gab eine Zeit in meinem Leben, da hing ich Abend für Abend vor dem Fernseher. Um es auf Neudeutsch zu sagen: Ich war ein Zapper. Bewaffnet mit Fernsehzeitung und einer großen Packung Chips habe ich es mir an meinem wohlverdienten Feierabend auf dem Sofa bequem gemacht und mal da, mal dort reingeschaut … manchmal so lange, bis einfach Sendeschluss war. Solche Abende fühlten sich meist zunächst verheißungsvoll an – wie eine große Packung Chips eben: ein freier Abend, eine Fülle an Programmen, wo man herzhaft zugreifen konnte. Und los ging's: Den ganzen Abend kreuz und quer durch alle verfügbaren Kanäle durchzappen.

Allerdings fühlte ich mich am Ende eines solchen Abends irgendwie leer. Er hinterließ einen faden Nachgeschmack. Ich habe mich danach seelisch nicht wirklich satt gefühlt – genau so wie mein Magen sich nach der Packung Chips nicht gut anfühlte. Abend für Abend habe ich mir selbst etwas vorgemacht. Obendrein schlief ich dann oft spät ein oder verbrachte eine sehr unruhige Nacht, weil mich ein Film oder eine Fernsehnachricht innerlich noch verfolgte. Am nächsten Morgen hatte ich ein flaues Gefühl im Magen, so als ob die Chips dort noch ihr Eigenleben führen würden.

In dieser Zeit meines Lebens habe ich mich selbst wirklich schlecht behandelt. Ich habe mich so sehr in der Gewohnheit des Fernsehens eingerichtet und gedankenlos immer wieder das getan, was mir nicht wirklich guttat.

Irgendwann hatte ich Gott sei Dank genug. Ich beschloss mir meine FreiZeit zurückzuerobern und stand vor der Entscheidung: er oder ich! Also musste der Flimmerkasten raus. Dies liegt nun schon mehr als 25 Jahre zurück. Seither bin ich zu meinem eigenen persönlichen FreiZeit-Verfechter geworden. Ich genieße es nun, jeden Abend frei zu entscheiden, was mir denn heute guttut. Vor allem bin ich froh, meinen ganz persönlichen Rhythmus leben zu können. Ich gehe gerne früh ins Bett, um genügend Schlaf zu erhalten. Ein ausreichendes Maß an erholsamem Schlaf ist für mich eine entscheidende Quelle für mein Wohlbefinden geworden, sozusagen eine kostenlose Energietankstelle.

Außerdem stehe ich sehr gerne frühmorgens auf, um in aller Ruhe in der Natur meinen Tag zu beginnen. Auch das ist für mich zu einer Kraftquelle geworden, wiederum völlig kostenlos. So gesehen zappe ich jetzt nicht mehr herum, sondern habe dauerhaft umgeschaltet auf mein Lieblingsprogramm: Freiheit denken.

Wenn ich darüber nachdenke, was wir Menschen uns in aller Freiheit alles selbst antun, staune ich immer wieder: Freiwillig nehmen wir so viel Ungesundes zu uns, ob an Nahrung oder an Informationen. Manchmal ist es allein die Fülle an (unnützen) Nachrichten oder Mitteilungen, die wir über Medien wie Fernseher, PC, Tablet oder Smartphone erhalten, die uns Stress bereiten und regelrecht krank werden lassen. Apropos Smartphone: Vielleicht heißt ja das Smartphone deswegen Smartphone, weil es darum geht, smart (also klug) damit umzugehen?

Die Erlebnisdusche

Als wir vor Jahren mit der Einrichtung unseres neuen Badezimmers beschäftigt waren, wurde ich durch farbige Hochglanzprospekte eindringlich darauf hingewiesen, dass der Trend weg vom einfachen, funktionalen Badezimmer hin zur individuellen Wellnessoase geht. Insbesondere staunte ich darüber, welche beeindruckenden Wirkungen mit einer sogenannten Erlebnisdusche zu erzielen wären. Durch neue Techniken könne man damit weit über den herkömmlichen Reinigungseffekt einer Dusche hinausgelangen. So sei es möglich, sich in unterschiedlichen Intensitäten die Haut massieren zu lassen oder mithilfe der Schwallduschfunktion gezielt den Kreislauf anzukurbeln. Selbstverständlich könne man zwischen verschiedenen zusätzlichen Wellnesseffekten mittels besonderer Nebel- oder Regendüsen wählen. Ja, man könne sogar den Eindruck entstehen lassen, als befände man sich in arktischen oder tropischen Gefilden.

Kurze Zeit später lernte ich bei einem Vortrag über »Achtsamkeit im Alltag« einen Berufsschullehrer in meinem Alter kennen. Er erzählte mir, dass er sich in den vergangenen Monaten einer Prostatakrebsbehandlung unterziehen musste. Sein ganzes Leben war dadurch auf den Kopf gestellt worden. Und er war sich inzwischen sicher: »Mein Krebs war die Art, wie ich gelebt habe.«

Durch die Auseinandersetzung mit der Krebserkrankung hatte er seitdem angefangen, ganz neue Einstellungen und Verhaltensweisen zu entwickeln.

So zelebrierte er beispielsweise seither seine morgendliche Dusche als ein Achtsamkeitsritual. Er genoss es, das vitalisierende Prickeln des Wassers auf seinem Körper zu spüren. Er nahm dadurch bewusst seine eigene Lebendigkeit wahr und stellte sich vor, wie das Wasser aus der Dusche irgendwann einmal aus einer Gebirgsquelle über sprudelnde Wasserfälle die Berge herabgeflossen war. Dabei verspürte er eine tiefe Dankbarkeit, dass er so privilegiert war und nur den Hahn aufdrehen brauchte, um sauberes Wasser empfangen zu dürfen. Bevor er sich abtrocknete, schloss er noch für einen Moment die Augen und lauschte den zu Boden fallenden Tropfen. Es war ein völlig neues, intensives Lebensgefühl, das er während des Duschens verspürte. Ich war sehr beeindruckt.

Soweit ich verstanden habe, besaß dieser Mann nur eine ganz banale Reinigungsdusche – und doch war sein morgendliches Duschritual ein Erlebnis sondergleichen.

Keine noch so raffinierte Erlebnisdusche hätte auch nur annähernd eine solch wohltuende Wirkung entfalten können.

Es ist einzig unsere Bewusstheit, mit der wir alltägliche Abläufe ausführen, die uns wirklich Momente des tiefen Erlebens und der Freude schenkt.

Selbstoptimierung

Vergangenes Jahr verbrachten wir zum ersten Mal über Ostern unseren Urlaub am Roten Meer. Es war sehr schön – und auch sehr lehrreich.

Neben uns saß am Frühstückstisch eine Familie aus Frankfurt. Sie hatten Kinder, die in einem ähnlichen Alter waren wie die unseren. Wir kamen ins Gespräch. Seit wann wir denn schon hier wären, wie es uns gefalle – ein gewöhnlicher Kennenlern-Smalltalk. Bei dieser Gelegenheit bekam ich ein wenig Einsicht in die Denkweise meines gleichaltrigen Miturlaubers. Eckhart erklärte mir freudestrahlend, wie man aus vier freien Arbeitstagen zehn Urlaubstage machen könnte. Am Donnerstag hatte er morgens schon seinen gepackten Koffer mit ins Büro genommen, um nach Feierabend gleich zum Flughafen zu fahren, wo bereits seine Familie auf ihn wartete. Karfreitag hatten sie schon den ersten vollen Urlaubstag am Meer verbracht.

Am kommenden Sonntag werden sie den *Late Check out* nützen, um noch vor der nachmittäglichen Heimreise die Annehmlichkeiten ihres schönen Zimmers mit dem unvergleichlichen Meerblick zu genießen. Und schließlich haben sie so auch noch am letzten Tag frische, hoteleigene Bademäntel zur Verfügung und können obendrein nach einem letzten erholsamen Strandtag noch schön in ihrem Hotelzimmer duschen, bevor sie sich auf den Weg zum Flughafen begeben. So kann er am Montag braungebrannt wieder pünktlich um acht Uhr in seinem Frankfurter Büro sitzen.

Es zahlt sich eben aus, dass er bereits zu Hause dank einer akribischen Online-Recherche bei der Hotelauswahl auf solche wichtigen Details wie kostenloses *Late Check out* und verkehrsgünstige Lage zum nahegelegenen Flughafen geachtet hatte. Außerdem hatte er bereits vergangenes Jahr rechtzeitig gebucht, um auch in den Genuss des Frühbucherrabatts zu kommen. Ich war beeindruckt.

Doch das war noch nicht alles. Beim nächsten Frühstück berichtete er mir wieder voller Stolz, dass er heute Morgen bereits eine ganze Stunde am Strand joggen war. Mithilfe seines Fitnessarmbandes hatte er seinen Kalorienverbrauch, die zurückgelegte Strecke und die Anzahl seiner Schritte aufgezeichnet. Ab morgen wird er versuchen, die gleiche Strecke in noch kürzerer Zeit zurückzulegen, ohne jedoch die Pulsfrequenz ansteigen zu lassen.

Außerdem hatten sie sich für den gesamten Aufenthalt Liegestühle in der ersten Reihe reservieren lassen, die zudem optimal im Hinblick auf die nahegelegene Snackbar lagen, wo man sich jederzeit kostenlose gekühlte Getränke holen konnte.

Irgendwie kam ich mir zunehmend planlos und unstrukturiert vor, hatte ich doch all diese interessanten Aspekte bisher vollkommen außer Acht gelassen.

An seinem Abreisetag erzählte mir Eckhart während des Frühstücks, dass er anstelle des hoteleigenen Flughafenshuttles ein privates Taxi geordert habe. Schließlich konnte die Familie so nochmals zwei Stunden mehr am Strand verbringen und muss nicht unnütz die Zeit am Flughafen totschlagen. Tagsüber verlor ich Eckhart und seine Familie dann etwas aus den Augen. Allerdings kann ich mich noch lebhaft an die letzte flüchtige Begegnung erinnern, als ich spätnachmittags an der Rezeption vorbeiging. Eckhart stand wild gestikulierend und lautstark auf den Rezeptionisten einredend am Hotelausgang. Im Vorbeigehen schnappte ich noch ein paar Gesprächsfetzen auf: »Was soll das heißen, das Taxi ist zum falschen Hotel gefahren? … wohl keine Ahnung, was das bedeutet! … morgen früh ein wichtiges Meeting im Büro … ist ja der ganze Erholungseffekt am Arsch!«

Selbstoptimierung ist dabei, zum Megatrend des modernen Individuums zu werden. Der selbstoptimierte Mensch will aus den unzähligen Optionen, die ihm das Leben bietet, stets das Maximum herausholen. Doch die Fixierung auf ein vermeintliches Optimum führt nicht zu einem glücklicheren Leben. Wahres Glück finden wir vielmehr im entspannten Gegenwärtigsein und der dankbaren Annahme dessen, was uns Augenblick für Augenblick geschenkt wird.

Papa – wo bist du?

Vor ein paar Jahren nahm ich an einer längeren Weiterbildung zum Thema Achtsamkeit teil. Am ersten Kursabend wurden alle Teilnehmer aufgefordert, sich jeweils zu zweit über folgende Fragen auszutauschen: »Wer oder was hat mich hierher geführt? Was ist mein eigentliches Interesse am Weg der Achtsamkeit?«

Noch heute erinnere ich mich sehr genau an die Geschichte, die mir ein Kurskollege anvertraut hatte:

»Letztlich war es meine achtjährige Tochter Lea, die mich dazu brachte, mich wirklich, wirklich für das Thema der Achtsamkeit zu öffnen.

›Papa – wo bist du?‹, fragte sie mich eines Tages beim Abendessen. Es war zu einer Zeit, während der ich mich besonders belastet fühlte. Beruflich war ich Woche für Woche zwischen fünfzig und sechzig Stunden für meinen Arbeitgeber in letztverantwortlicher Position tätig. Außerdem war mein Kopf voll mit Plänen für einen anstehenden Hausbau. Ich war also mehr als gut beschäftigt – und meine Tochter reagierte darauf mit ihren sehr feinen Antennen und eben jener Frage, die ich nie mehr vergessen werde.

Beim Abendbrot saß sie mir gegenüber am Tisch und bemerkte offenbar meinen leeren Blick, während ich wie automatisiert zu essen schien. Mit ihrer kindlich-piepsigen Stimme wagte sie es, mich just in dem Moment, als ich gerade besonders intensiv über das Hausbauprojekt nachdachte, in meinen Überlegungen zu stören.

Ich reagierte ungehalten auf ihre Frage, die mir offenbar sehr ungelegen kam, und wies meine Tochter zur Ordnung. Kurzzeitig wurde ich aus meinen Gedankengängen herausgerissen, doch schon bald ging mein Geist wieder auf Wanderschaft zwischen Arbeitsresten des heutigen Tages und Planungen für den morgigen Tag. Auch dieses Mal schien meine Tochter mein gedankliches Irrlichtern zu bemerken, denn sie wagte es wieder, passgenau nochmals ihre Frage zu stellen. Dieses Mal reagierte ich deutlich verärgerter und wies sie scharf zurecht, was mir den Unmut der restlichen Familie einbrachte. Allen am Tisch Sitzenden schien die Frage legitim. Nur mir selbst war sie ganz und gar nicht willkommen, fühlte ich mich doch insgeheim dabei ertappt, dass ich zwar körperlich, aber nicht geistig anwesend war.

Es verging nicht viel Zeit und wieder wälzte ich in meinen Gedanken Probleme, die nach Lösungen verlangten, während ich weiteraß.

Noch ein drittes und letztes Mal wagte es meine Tochter, nun mit flehentlich-weinerlichem Unterton, ihre Stimme zu erheben und mich wieder zu fragen: ›Papa, wo bist du?‹

Aus heutiger Sicht würde ich sagen: Es war für mich ein gnadenhafter Moment, dass ich, sie anblickend, nicht laut, sondern ganz still wurde. Dieses Mal hatte mich ihre Frage mitten ins Herz getroffen. Wie sehr lag mir doch die Beziehung zu meinen Kindern am Herzen? Und wie sehr war ich in den vergangenen Wochen und Monaten dabei, mich innerlich von dieser Beziehung abzuschneiden, weil ich vermeintlich Wichtigeres zu tun hatte? Ich spürte, dass es ihr nicht darum ging, mich zu kritisieren, sondern mich wissen zu lassen, wie sehr sie darunter litt, dass ich keine Kraft mehr hatte, mich wirklich auf ihre Welt einzulassen, mich für sie zu interessieren.

Mir wurde schlagartig klar, dass ich etwas ändern musste, wollte ich nicht die tiefe gegenseitige Liebe verspielen. Ich begriff zum ersten Mal wirklich, dass ich mich selbst auf den Weg der Achtsamkeit begeben möchte. Ich spürte, wie sehr mir diese Erfahrung mit meiner Tochter wirklich unter die Haut ging und mich auf einen neuen Weg geleiten wollte.

Seither versuche ich täglich, mich in Achtsamkeit zu üben, mir selbst immer wieder die Frage zu stellen: Wo bist du? Mittlerweile kann ich mir freundlich zulächeln, wenn ich mal wieder bemerke, wie gerne mein menschlicher Geist auf Wanderschaft geht. Mein Weg der Achtsamkeit ist mehr ein Stolpern über eigene Unachtsamkeiten als ein beschwingtes Dahingleiten. Wie gut jedoch, wenn ich mein Unachtsamsein mehr und mehr selbst und immer früher bemerke. Wie gut zu spüren, wie mich dieser Weg Stück für Stück zurück zum Wesentlichen, zur Liebe führt.«

Gehirn-Erschütterung

Klaus war seit mehr als zwanzig Jahren als selbstständiger Heizungsbauer tätig und hatte sich einen florierenden mittelständischen Betrieb aufgebaut. Meistens betreute er mehrere Baustellen gleichzeitig und fuhr oft unter hohem Zeitdruck mit seinem Firmenwagen von einem Projekt zum anderen, um vor Ort nach dem Rechten zu sehen. Als Selbst-Ständiger war er selbst und ständig im Einsatz und versuchte durch Multitasking, indem er etwa vom Fahrzeug aus über sein Handy mit den Mitarbeitern vor Ort telefonierte, dem sich zunehmend verdichtenden Arbeitsdruck Paroli zu bieten.

Auf einer solchen Fahrt zwischen zwei Baustellen geschah dann das Unerwartete: Er wurde in einen Auffahrunfall verwickelt und kam mit einer Gehirnerschütterung ins Krankenhaus. Da er fortan schon auf geringste Belastungen mit heftigen Kopfschmerzen reagierte, blieb ihm nichts anderes übrig, als eine berufliche Auszeit zu nehmen und sich in eine Reha-Maßnahme zu begeben. Hier kam er zum ersten Mal seit Jahren gezwungenermaßen zur Ruhe – und er hatte viel Zeit, über sich und sein Leben nachzudenken. Er spürte, dass durch die Gehirn-Erschütterung auch sein ganzes bisheriges Denken erschüttert wurde.

War er bisher stolz darauf gewesen, so viele Dinge gleichzeitig erledigen zu können, so konnte er sich seit dem Verkehrsunfall immer nur noch gerade auf eine Sache konzentrieren. Er reagierte sofort mit heftigen Kopfschmerzen, wenn er versuchte, wie früher mehrere Dinge gleichzeitig zu machen. Dadurch war er gezwungen, sich zu fragen, was denn gerade das Wichtigste war und auf welche Aufgabe er sich jetzt einzig und allein konzentrieren will.

Sein ganzes Selbstbild wurde in Frage gestellt. Bisher betrachtete er sein Leben wie ein großes Gemälde, dem er mit schnellen Pinselstrichen immer noch mehr hinzufügte, sodass die Leinwand (sein Leben) in gewisser Weise immer voller wurde. Jetzt wurde ihm schmerzhaft bewusst, dass auch er selbst immer fülliger geworden war, hatte er sich doch mit

Essen oftmals vollgestopft und gar nicht mehr gespürt, was er eigentlich brauchte oder wirklich wollte.

Er hatte viele Bereiche seines Lebens, die ihm früher große Freude bereitet hatten, einfach nach und nach zurückgestellt und wollte beruflich offenbar immer schneller, immer weiter, immer höher hinaus. Sein Körper, der mittlerweile über 120 Kilogramm wog, zeugte von seiner wenig selbstfürsorglichen und unausgewogenen Lebensweise.

In der Zeit der Reha begann Klaus, seinen Körper wieder neu wertzuschätzen. Ihm wurde bewusst, dass sein Körper doch der einzige Ort zum Leben war, den er hatte, und dass er diesen seinen Körper auf rücksichtslose Weise ausgebeutet hatte. Die Gehirnerschütterung mit den Kopfschmerzen schien ihm nun wie ein Weckruf des Körpers zu sein, um sich auf das wirklich Wesentliche seines Lebens zu konzentrieren. Fortan rückte die Frage nach dem, was ihm wirklich wichtig war, ins Zentrum seines Denkens. Statt schneller, weiter, höher schien es nun um langsamer, näher und tiefer zu gehen.

Vielleicht sollte es in seinem Leben künftig darum gehen, nicht wie bei einem Maler immer noch mehr Farbe auf die Leinwand zu bringen – sondern eher, wie bei einem Bildhauer, durch Weglassen von Unnötigem das Wesentliche zum Vorschein zu bringen.

Nein sagen dürfen

In guter Weise Grenzen zu setzen, nein zu sagen, ist ein sehr konkreter Ausdruck einer wirklichen Selbstfürsorge. Für viele

Menschen scheint es aber eine der schwierigsten Aufgaben zu sein, sich in guter Weise abzugrenzen, wenn etwas zu viel wird oder jemand zu nahe kommt.

Gerade in bedeutungsvollen Beziehungen versuchen wir, den Erwartungen anderer zu entsprechen, um nicht deren Liebe oder Zuneigung zu verlieren. Wir haben womöglich Angst vor der Reaktion des anderen, wenn wir ihm etwas abschlagen würden – und fühlen uns doch unwohl, wenn wir entgegen unserer inneren Stimme handeln. Um uns selbst treu zu bleiben, sollten wir uns in der Kunst des angemessenen Neinsagens üben. Das Wahrnehmen und Beachten unserer inneren Stimme, die sich ganz konkret über unseren Körper mitteilt, ist der beste Weg, um uns gut abzugrenzen. Über unsere Körpersignale nehmen wir unsere Grenzen unmittelbar wahr. Unser Körper spricht immer die Wahrheit, er lügt uns nicht an. Er spricht aus der Warte des Wohlwollens zu uns. Wir dürfen ihm vertrauen.

Regina hatte an ihrem sechzigsten Geburtstag beschlossen, dass sie sich zukünftig etwas mehr Zeit für sich selbst nehmen möchte. Neben ihrer Berufstätigkeit fühlte sie sich jedoch noch sehr für die eigene Mutter und für die Entlastung ihrer Tochter, die mittlerweile selbst zwei Kinder hatte, zuständig. Regina war es als älteste von vier Geschwistern von Kindesbeinen an gewohnt, sich um das Wohl aller Familienmitglieder zu sorgen. Insgeheim ärgerte sie sich sehr, dass ihre Mutter, die fußläufig nur zehn Minuten entfernt wohnte, sie permanent zu terrorisieren schien. Obwohl diese geistig und körperlich noch ganz fit war, forderte sie tägliche Besuche von Regina ein.

Die anspruchsvolle, herrische Art, die ihre Mutter schon immer an sich hatte, schien sich im Alter noch verstärkt zu haben.

Zudem ärgerte sich Regina darüber, dass sie die Einzige der vier Geschwister war, die sich um die betagte Mutter kümmern »musste«. Ihr kam es vor, als ob ihre eigene Mutter noch immer tagtäglich in ihrer Lebenssuppe herumrühren wollte. Aber es war Regina selbst, die durch ihr eigenes Verhalten immer wieder neue Einladungen an die Mutter zum »in der Suppe rühren« aussprach.

In letzter Zeit hatte Regina öfters nächtliche Beklemmungszustände mit Luftnot verspürt. Nach einem Telefonat mit der Mutter, bei dem diese ihr wieder wüste Vorhaltungen machte, entwickelte Regina so starke Atemnot, dass sie via Notarzt ins Krankenhaus eingeliefert werden musste. Nachdem sie komplett durchgecheckt worden war, stand die Diagnose fest: eine Panikstörung.

Mithilfe einer Psychologin lernte Regina den Zusammenhang zwischen ihrer Schwierigkeit, sich gegenüber der Mutter abzugrenzen, und ihren Körpersymptomen kennen. Sie verstand, dass sie bisher im Kontakt mit der Mutter immer den Gedanken »Ich muss, ich muss doch!« hatte. Es blieb kein Raum, um sich zu fragen, was sie denn selbst wollte. Sie wünschte sich Unterstützung von ihren Geschwistern in der Sorge um die älter werdende Mutter und sie sehnte sich nach einem eigenen Raum für sich, bevor ihr die Luft auszugehen drohte. Nach und nach lernte Regina, auf ihren Körper zu hören und sich dafür einzusetzen, was sie wollte und brauchte.

Schließlich kam ihr auch ihr eigener Name zu Hilfe, der übersetzt Königin bedeutet. So entwickelte sie folgendes Motto für sich selbst: »Ich bin Regina, und bin die Königin in meinem eigenen Königreich. Mein Körper ist mein Land, für das ich

Fürsorge zu tragen habe. Ich möchte eine einfühlsame Königin sein und will meinen Körper fühlen und beachten und ganz besonders auf meine Grenzen achtgeben.«

Durch ein Nein verlieren wir womöglich das momentane Einverstandensein unsers Gegenübers. Jedoch verlieren wir noch weit mehr, wenn wir nicht zu unserem Nein stehen: Wir verlieren das Allerwichtigste das wir haben – uns selbst.

Gescheiter(t)

Die Erfahrung des Scheiterns gehört zu unser aller Leben: Beziehungen können scheitern, Lebensentwürfe durchkreuzt werden, Träume können zerplatzen. Wir brauchen immer wieder neu den Mut zum Scheitern, sonst wären wir gar nicht lebensfähig. Ohne den Mut zum Scheitern könnten wir kein Wagnis eingehen. Vielleicht müssen wir unser ganzes Leben in gewisser Weise immer wieder neu er-scheitern. Eine Patientin hat zu Beginn ihrer Therapie mit einem Schmunzeln auf den Lippen ihre Situation wie folgt zusammengefasst: Ich sitze auf dem Scherbenhaufen meines Lebens – aber nicht darunter.

Der irische Schriftsteller Samuel Beckett, der lange Zeit als Autor erfolglos blieb und unter depressiven Phasen litt, um dann doch noch den Literaturnobelpreis zu bekommen, hat zum Thema Scheitern ein eigenes persönliches Fazit gezogen: »Immer versucht. Immer gescheitert. Einerlei. Wieder versuchen. Wieder scheitern. Besser scheitern.«

In unserer erfolgsorientierten Welt wird Scheitern jedoch oftmals als persönliche Beschädigung des Selbstwerts, als gesellschaftliche Beschämung erlebt. Gilt doch in einer Welt des ungebremsten Erfolgsstrebens der Zweitplatzierte – nicht nur im Sport – bereits als der erste Verlierer.

Mit sich selbst fürsorglich zu sein heißt zunächst, die Polarität des Lebens, zu der Erfolg *und* Scheitern gehören, anzuerkennen. Sich mit dem eigenen Scheitern auszusöhnen, um wieder neu aufbrechen zu können. Wir können nicht verhindern, dass wir als Gescheiterte gekränkt werden, aber wir haben es in der Hand, ob wir gekränkt bleiben und dadurch krank werden oder ob wir gestärkt daraus hervorgehen. Gerade wenn wir scheinbar mehrmals an der gleichen Aufgabe scheitern, ist dies allerdings eine besondere Herausforderung für unser Selbstbild.

Nina war als einziges Kind auf einem stattlichen Gutsbauernhof zur Welt gekommen. Schon früh bekam sie zu spüren, dass sie für den Vater, der sehr stolz auf den traditionsreichen Bauernhof war, eigentlich die Enttäuschung seines Lebens war. Er hatte sich einen Sohn gewünscht, der den väterlichen Betrieb eines Tages fortführen würde.

Nina selbst liebte es bereits als Kind, ihren Puppen Zöpfe zu flechten, und träumte davon, eines Tages ihren eigenen Friseursalon zu besitzen. Doch sie wagte zunächst gar nicht, diesen Traum weiter zu träumen. Denn sie hatte insgeheim die Hoffnung, die Anerkennung des Vaters dadurch zu bekommen, dass sie einen Junglandwirt heiratete, der zu ihr auf den elterlichen Hof ziehen würde. Innerhalb von nur drei Jahren gingen aber drei derartige »Zweckliebschaften« in die Brüche.

Zunächst suchte sie die Schuld bei sich, doch in Gesprächen mit ihrer besten Freundin wurde ihr klar: »Das ist ja gar nicht das, was *ich* will.« Langsam dämmerte ihr: Das Scheitern dieser Beziehungen war notwendig, damit sie verstehen konnte, dass sie auf dem falschen Weg war. Sie war nicht dazu auf der Welt, um die Erwartungen ihres Vaters zu erfüllen, sondern um ihre eigenen Ideen zu verwirklichen.

Als sie Jahre später ihren eigenen Friseursalon eröffnete, konnte sie rückblickend über sich und ihre zerbrochenen Beziehungen sagen: »Ich bin nicht nur gescheitert, sondern auch gescheiter geworden.«

SELBSTLIEBE IST … LIEBE EMPFANGEN UND LIEBE WEITERSCHENKEN

Einzeln sind wir Worte –
zusammen ein Gedicht.

(GEORG BYDLINSKI)

Ein Mensch, der sich selbst liebt, weiß, dass er aus der Fülle des Seins schöpfen darf, und er ist sich bewusst, dass die Fülle des Lebens auch für die Menschen um ihn herum vorgesehen ist. Er wird daher nach Kräften seinen Beitrag dafür leisten, dass es auch seinen Nächsten gut ergehen kann.

Der Weg der Selbstliebe ermöglicht es uns, andere als gleich-wert-ig anzunehmen und schätzen zu lernen. So schaffen wir eine gesunde Basis für liebevolle nährende Beziehungen ohne überzogene Erwartungshaltungen oder Veränderungsversuche.

Selbstliebe darf nicht missverstanden werden als Ersatz für gelingende soziale Beziehungen. Es geht auf dem Weg der Selbstliebe nicht darum, ein völlig autonomer unabhängiger Mensch zu werden, der die Verbundenheit zu anderen nicht mehr sucht, da er ja sich selbst hat. Für unser menschliches Wachstum brauchen wir das Wechselspiel zwischen sehen und gesehen werden, Anerkennung erfahren und Anerkennung weitergeben, geliebt werden und andere lieben.

Als Menschen können wir uns das Leben nehmen, aber es uns nicht selbst geben. Wir können uns nicht selbst erzeugen. Es waren unsere Eltern, die sich in Dienst haben nehmen lassen, damit wir sein können. Durch unser eigenes Dienen können andere sein. Wir alle leben dank anderer.

Das wirklich Wesentliche unseres Lebens brauchen wir nicht selbst herzustellen. Wir bekommen es geschenkt – auch durch andere. Unsere Geburt ist ein Geschenk des Lebens an uns – vermittelt durch unsere Eltern. Die Erfahrung von Freundschaft, von Vergebung, von zwischenmenschlicher Liebe bekommen wir geschenkt und dürfen sie auch weiterschenken. So entsteht zwischen uns und anderen ein Kreislauf des Schenkens und des Beschenktwerdens. Auf diese Weise entsteht ein Mehr: ein Mehr an Verbundenheit, ein Mehr an Lebendigkeit und ein Mehr an Liebe.

Dort wo Menschen sich emotional offen und menschlich authentisch auf dem Boden gegenseitiger Wertschätzung und Akzeptanz begegnen, wird dieses Mehr erfahrbar. Emotional offen und menschlich authentisch sein bedeutet, dass wir uns auch mit unserer inneren Verunsicherung, unseren Ängsten und Schattenseiten zeigen dürfen. Gerade durch unsere Schwächen, unsere Unvollkommenheiten, unser Gebrochensein und der Erfahrung, dass wir ganz allein nicht wirklich glücklich sein können, wächst unser Verlangen nach Verbundenheit und Gemeinsamkeit.

Der Segen des Großvaters

Maria war vier Monate alt, als sie in die Kinderkrippe kam. Ihre alleinerziehende Mutter arbeitete als Ärztin Vollzeit in einer Klinik. Mit drei Jahren kam Maria in den Ganztageskindergarten, und noch heute kann sie sich gut erinnern, wie sie als ängstliches, schüchternes Mädchen meist allein für sich im Kindergarten gespielt hatte. Am stärksten waren aber die Erinnerungen daran, als abends alle Kinder bereits abgeholt worden waren und sie als einziges Kind noch mit der Erzieherin zurückblieb. Oftmals schaute die Erzieherin bereits ungeduldig auf die Uhr, bis die Mutter endlich verspätet aus dem Krankenhaus kam, um müde und erschöpft Maria abzuholen. Maria hatte in solchen Momenten große Angst davor, dass Mama sie ganz vergessen könnte – Angst, dass sie eines Tages nicht mehr abgeholt werden würde. Sie fühlte damals einen tiefen Stich in ihrem Herzen und weinte heimlich still vor sich hin.

Hatte die Mutter am Wochenende Dienst, durfte sie zu den Großeltern, bei denen sie sich wohl und geborgen fühlte. Sie liebte es besonders, wenn der Großvater, der leidenschaftlicher Imker war, von seinen Bienen erzählte. Welche große Begeisterung er für die kleinen Tierchen doch hatte! Gerne hätte sie ihn zu den Bienen begleitet, doch sie hatte große Angst, von einer Biene gestochen zu werden.

Eines Tages erzählte sie dem Großvater, dass sie manchmal im Kindergarten voller Angst sei, dass Mama sie vergessen würde, und dies sich so anfühlte, als würde ihr eine Biene mitten ins Herz stechen. Der Großvater erzählte ihr daraufhin viele Bienengeschichten und öffnete ihr kleines Herz für die Vorstellung, dass Bienen eigentlich ganz liebe Tierchen waren, die sie gar nicht stechen möchten. In farbigen Bildern erzählte er ihr, wie sehr die Blumen sich auf den Besuch der Bienen freuten und wie fleißig die kleinen Tierchen seien, um den Menschen so leckeren Honig zu schenken.

Manchmal nahm er sie dann auch mit zu seinen Bienen. Eines Tages brachte er ihr bei, wie man eine Biene, die sich in einem Zimmer verirrt hatte, auf der bloßen Hand wieder nach draußen tragen konnte. Oder er machte ihr vor, dass sie einfach nur still dasitzen musste, sollte eine Biene ihre Nase mal als Landeplatz zum Ausruhen von der schweren Arbeit benutzen.

In seinen vielen Geschichten, denen sie gerne lauschte, betonte er immer wieder, dass es mit dem Leben wie mit den Bienen ist: Das Leben will uns Menschen beschenken, so wie die Bienen uns ihren leckeren Honig schenken. Und sie verstand, dass sie keine Angst vor dem Leben haben musste. Der liebe Gott, der ihr das Leben geschenkt hatte, würde sie niemals vergessen und ihr immer das geben, was sie bräuchte.

Am meisten liebte sie es aber, wenn der Großvater mit ihr zusammen den Bienentanz tanzte. Er erklärte ihr, dass es darauf ankomme, nicht nur die Arme, sondern auch die Beine wie Bienenflügel durch die Luft zu wirbeln. Dann tanzten und wirbelten sie beide wie Bienen wild und lustig über die Wiese. In solchen Momenten verlor sie ihre Angst, dass ihre Mama sie eines Tages im Kindergarten vergessen würde.

Als erwachsene Frau litt sie immer wieder unter Verlassenheitsängsten. Doch sobald sie sich an ihren Großvater erinnerte, konnte sie sich selbst mit dem tiefen Vertrauen trösten: »Das Leben sticht mich nicht. Meine Ängste sind das Summen der Vergangenheitsbienen. Manchmal kreisen sie auch heute noch dicht um meinen Kopf. Aber dann fliegen sie wieder weiter, und meine Brust fühlt sich warm und weich an, wie eine Höhle voller süßem Honig.«

Segnen und Fluchen

Das Wort »segnen« kommt vom lateinischen »bene dicere«, was wiederum wörtlich übersetzt heißt: »Gute Worte sagen«. Wie sehr Segnen zu einer heilsamen Medizin werden kann, hat mich die Geschichte von Matthias gelehrt.

Matthias litt lange Zeit unter starken Zukunftsängsten. In Gedanken war er oft damit beschäftigt, sich auszumalen, was alles schiefgehen würde. Er fühlte sich dadurch sehr angespannt und in vielerlei Hinsicht gestresst. Ein Freund, dem er sich anvertraute, empfahl ihm ein kleines Ritual. In stressigen oder angstbesetzten Situationen solle er sich selbst ein Mantra sagen, das ihm innerlich guttue und ihm Zuversicht schenken könne.

Bereits beim Aufwachen, wenn ihn sein vertrautes morgendliches Unwohlsein beschlich, begann Matthias fortan sein tägliches Mantra zu sprechen: »In Dankbarkeit und Freude segne ich diesen Tag.« Auch beim stressigen Anziehen der quengeligen Kinder, die sich nicht für den Kindergarten fertig machen lassen wollten, sprach er still sein Mantra: »In Dankbarkeit und Freude segne ich meine Kinder.« Bei der Arbeit, wenn er sich für ein anstrengendes Meeting vorbereitete, halfen ihm die Worte »In Dankbarkeit und Freude segne ich dieses Meeting«, um innerlich zur Ruhe zu kommen. Ging ihm etwas daneben und wurde er wieder zum schärfsten Kritiker seiner selbst, so sprach er auch da sein Mantra: »In Dankbarkeit und Freude segne ich mich selbst.« Je nachdem, wie sehr er sich über sich selbst geärgert hatte, rezitierte er in Gedanken sein Segensmantra auch mehrmals hintereinander.

Die Wirkung war verblüffend: Nachdem er sein Segensritual über mehrere Monate tagtäglich mehrmals angewendet hatte, spürte er, wie er tatsächlich ruhiger, zuversichtlicher und lockerer wurde.

Das Gegenteil von Segen ist Fluch. Ein Fluch ist letztlich eine lebensverneinende Idee, wie etwa »Du sollst nicht sein«, »Du hast es verdient, bestraft zu werden«. Insbesondere in manchen indigenen Völkern spielen auch heutzutage Flüche noch eine gewichtige Rolle. Ein ärztlicher Kollege, der viele Jahre im westafrikanischen Togo gelebt und dort in einem Krankenhaus in Anecho gearbeitet hatte, berichtete mir folgende Geschichte:

Eines Tages kam eine junge Frau zu ihm ins Krankenhaus, die gegen die dortigen Stammesregeln verstoßen hatte und von einem Voodoo-Priester mit einem Schadzauber verflucht worden war. Dieser hatte ihr den baldigen Tod prophezeit und ihr sogar ihren Sterbetag genannt, der kurz bevorstand. Der deutsche Arzt nahm die Frau sogleich in sein Krankenhaus auf und untersuchte sie. Sie war vollkommen gesund. Er beschloss, sie bis über das ominöse Datum hinaus im Krankenhaus zu behalten, um sie zu schützen. Tatsächlich fand er sie an dem besagten Tag tot im Bett liegend vor. Offenbar hatte sie dem Fluch des Voodoo-Priesters derart Glauben geschenkt, dass er wie eine Art Vergiftung in ihr wirken konnte.

Ich bin tief davon überzeugt, dass wir Menschen dazu da sind, einander zum Segen zu werden. Wir dürfen einander in unserer Sehnsucht nach Glück und Lebensfreude wohlwollend fördern. Wir vermögen auch, uns selbst zu segnen, uns selbst gute Worte zu sagen. Ebenso dürfen wir uns auch von alten, lebensverneinenden Gedanken lösen, um uns selbst in unserem Sehnen nach einem gelingenden Leben zu unterstützen.

Der Erinnerungsbaum

Wenn ich auf die Jahre meiner ärztlichen Berufstätigkeit zurückblicke, so gibt es eine bestimmte Phase, die in der Rückschau in besonderer Weise herausragt. Es ist die Zeit, während der ich auf einer Palliativstation sterbende Menschen begleitete. Hier war es anders als auf allen anderen Stationen, auf denen ich zuvor gearbeitet hatte. Wir hatten nur sieben Patienten zu betreuen, die jeweils die letzten Tage ihres irdischen Lebens auf unserer Station verbrachten. Ich war froh, dass ich hier nicht von einem Patienten zum andern eilen musste, sondern wirklich Zeit hatte. Zeit, um auch am Sterbebett eines Menschen zu sitzen, seine Hand zu halten, seinen gehauchten Worten zu lauschen. Es waren Worte, die Wesentliches ausdrückten.

Mir schien es, als ob alles, was diese Menschen mitteilten, in ein besonderes Licht, das Licht der Endlichkeit, getaucht war. So als ob an einem hellen Sonnentag das Licht der Sonne auf eine Fensterscheibe fiel, und all das, was an Klarheit, aber auch an Flecken, Streifen und Schmutz zu dieser Glasscheibe gehörte, zum Vorschein brachte. Es war nicht die Sonne, die die Flecken verursachte – aber erst durch dieses helle, klare Licht wurde sichtbar, in welchem Zustand sich die Fensterscheibe befand. So wie mit der Fensterscheibe schien es sich auch mit dem Zustand der sterbenden Menschen auf dieser Station zu verhalten.

Gab es im Lichte der zu Ende gehenden Lebenszeit noch etwas Unversöhntes, was den Abschied schwer machte? Wartete der Sterbende noch insgeheim auf das Kommen eines Angehörigen oder eines Freundes, bevor er in Ruhe gehen konnte? Gab es Reue über ungelebtes Leben? Waren da noch unerledigte Aufgaben, die nicht abgeschlossen werden konnten?

Etwas von diesem Licht strahlte auch auf meine eigene Fensterscheibe, mein eigenes Leben. Ich begegnete meiner eigenen Endlichkeit, meiner eigenen Angst zu sterben. Und ich begegnete selbst den Fragen nach Reue, Unversöhntem, Ungelebtem in meinem eigenen Leben. War ich selbst innerlich im Frieden?

Wenn ich abends vom Dienst nach Hause ging, wusste ich nicht, welchen meiner Patienten ich morgens noch lebend antreffen würde. So übte ich mich darin, jeden Abend innerlich bewusst Abschied zu nehmen. Beim Betreten der Station am nächsten Tag signalisierte eine große Kerze auf einem Hocker vor dem Krankenzimmer, dass der darin liegende Patient heute Nacht verstorben war. Es war ein kleines Ritual, das uns allen half, die Präsenz des Todes auf dieser Station zu würdigen.

Ich hatte den Eindruck, dass ich von jedem Menschen, den ich in dieser Zeit begleiten durfte, etwas Wichtiges lernen konnte.

Eine Erfahrung, die mir noch ganz besonders in Erinnerung geblieben ist, war die Begleitung von Frau N. Sie war ungefähr so alt wie ich und wähnte sich – so wie ich mich selbst – in der Lebensmitte, bevor sie die Diagnose Darmkrebs erhielt. Es ging alles sehr schnell. Innerhalb weniger Wochen war klar, dass die Lebenszeit von Frau N. sehr bald zu Ende gehen würde. Sie war Mutter der kleinen dreijährigen Tabea und litt unter starken Schmerzen, die trotz immer höherer Gaben von Morphium nicht zu beherrschen waren. Es wurde deutlich, dass sie nicht nur unter Tumorschmerzen, sondern vielmehr unter großem seelischen Schmerz litt.

Es war Herbst. Im Frühjahr würde Tabea ihren vierten Geburtstag feiern. Frau N. würde ihn nicht mehr miterleben können. Die Gewissheit, ihre eigene Tochter nicht weiter aufwachsen sehen zu dürfen, quälte sie sehr. In einem Gespräch mit unserem Seelsorger zeigte sich, wie sehr sie sich wünschte, ihrer geliebten Tochter eine Art Vermächtnis zu hinterlassen. Da sie schon zu schwach zum Schreiben war, schlugen wir ihr vor, dass sie ihr Vermächtnis in Form einer Videobotschaft ausdrückte. Wir schlugen vor, sie zu filmen, während sie alles, was sie ihrer Tochter mitteilen wollte, sagen sollte. Wir versprachen, diese Aufnahme ihrer Tochter zu ihrem vierten Geburtstag als ihr Geschenk zukommen zu lassen.

Ich war tief berührt, wie stark und klar in diesem Moment ihre Stimme klang, obwohl sie sonst schon sehr brüchig wirkte:

Liebe Tabea,

Du bist meine geliebte Tochter. Es ist so
schön, dass es Dich gibt. Ich liebe Dich auf
eine besondere Weise, wie ich keinen anderen
Menschen auf dieser Welt je geliebt habe. Es tut
mir unendlich leid, dass ich Dich bald verlassen
muss. Der Krebs ist stärker als mein Körper. Aber
meine Liebe zu Dir ist stärker als der Krebs.

Ich wünsche Dir, dass Du in Deinem Leben
ganz froh und lebendig sein darfst. Mögest
Du viele Träume haben und den Mut, sie zu
verwirklichen. Ich wünsche Dir, dass Du immer
Menschen um Dich haben darfst, die Dich
lieben und die Du lieb hast. Mögest Du Dich
in allen Lebenslagen von Gott getragen und
beschützt fühlen.

Wenn Du mit mir sprechen möchtest, so komm
zum großen Apfelbaum in unserem Garten. Du
weißt, dort, wo Deine Schaukel hängt und ich
Dir so gerne beim Schaukeln Lieder vorsang. Ich
werde da sein und Dir zuhören, was auch immer
Du mir erzählen möchtest.

In unendlicher Liebe
Deine Mama

Tags darauf waren die Schmerzen verschwunden. Kurze Zeit
später schlief Frau N. ein – für immer.

Dankbarkeit

Als Kind wurde ich dazu erzogen, mich artig zu bedanken, sobald ich etwas geschenkt bekam. Ich lernte, dass ich dadurch
bei anderen – insbesondere bei meinen Eltern – Wohlgefallen auslösen konnte. Wollte ich Anerkennung oder ein Lob
der Erwachsenen, bedankte ich mich bei jeder möglichen und
unmöglichen Gelegenheit. Ich galt so in den Augen der Er-
wachsenenwelt als wohlerzogener kleiner Junge. Danke sagen
wurde für mich ein Mittel zum Zweck.

Erst in den vergangenen Jahren wurde mir mehr und mehr
bewusst, wie anders es ist, tatsächlich tiefe Dankbarkeit zu
empfinden. Ich spüre, welch große Kraft darin liegt, mein Herz
in Dankbarkeit für das zu öffnen, was mir das Leben Augenblick für Augenblick schenkt. Indem ich all die vielfältigen Ga-

ben des Lebens mit Dankbarkeit annehme, verstärkt sich in mir das Gefühl der Freude, der Fülle und der tiefen Verbundenheit. Wie stark und verbindend das Band der Dankbarkeit wirken kann, erfuhr ich auf ganz besondere Weise durch die Begegnung mit einem Südafrikaner.

Um die Jahrtausendwende herrschte in England ein großer Facharztmangel. Ich war neugierig und suchte zur damaligen Zeit eine neue berufliche Herausforderung. Also bewarb ich mich für einen Posten als Consultant im Südwesten Englands. Kaum angekommen in der neuen Umgebung, realisierte ich, auf was ich mich da eingelassen hatte. Ich bekam die volle Verantwortung für alle psychiatrischen und psychotherapeutischen Anfragen eines kompletten Stadtbezirks. Nicht nur, dass ich im fachlichen Gebrauch der englischen Sprache noch unsicher war, auch kannte ich weder Gepflogenheiten und Strukturen noch die beruflichen Rahmenbedingungen meines Gastlandes. Ich fühlte mich am Rande der Überforderung.

Schräg gegenüber von meinem Büro befand sich das Office von Geoff. Er war südafrikanischer Abstammung und erst wenige Jahre vor mir nach England gekommen. Er war ebenfalls für einen Stadtbezirk als Consultant zuständig. Sofort sah er mir an, was mit mir los war. Auf seine unnachahmlich lässige Art und Weise grinste er mich an und meinte: »Don't panic!« Er bot mir jede erdenkliche Hilfe an, um in meinem neuen Job ankommen zu können. Ich konnte jederzeit zu ihm kommen, wenn ich eine Frage hatte. Nach Feierabend informierte er mich über die Untiefen der gesetzlichen Grundlagen des *Mental Health Acts*, bis dato für mich ein Buch mit sieben Siegeln.

In der Mittagspause heiterte er mich, den »crazy German«, bei *Fish and Chips* auf.

In mir war (und ist es bis heute) ein tiefes Gefühl von Dankbarkeit für diesen wunderbaren Menschen. Es entstand eine freundschaftliche Beziehung, die mir auch manchen verregneten Abend erhellte. Auch wenn wir nun seit mehr als zehn Jahren nicht mehr im regelmäßigen Kontakt stehen, fühle ich auch heute noch eine tiefe Verbundenheit zu ihm.

Das Leben hatte mir zur rechten Zeit einen Menschen geschenkt, der sich mir wahrhaft menschlich zugewandt hat. Unverdientermaßen. Einfach so. Dieser Mensch vom anderen Ende der Erde hat mir eine wichtige Erfahrung ermöglicht. Durch ihn habe ich erlebt, was es bedeutet, sich tief beschenkt zu fühlen und wahre Dankbarkeit zu empfinden.

Dankbarkeit zu empfinden ist für mich zu einem wahren Lebenselexier geworden. Meine Aufmerksamkeit wendet sich dadurch all dem Schönen und Kostbaren meines Lebens zu. Dankbarkeit ist wie ein Zaubertrank, der mir jederzeit zur Verfügung steht und mir neue Kräfte und Lebensfreude verleihen kann.

Das Leben nehmen

In unserer Klinik gibt es seit zwanzig Jahren die schöne Tradition, dass jedes Jahr am letzten Juniwochenende ein Ehemaligentreffen stattfindet. Es ist ein großartiges Wiedersehensfest, bei dem ehemalige Patienten unserer psychosomatischen Klinik nach ein, zwei, drei oder gar zehn Jahren nochmals den Ort aufsuchen, wo sie eine wichtige Zeit ihres Lebens verbracht haben. Ich bin jedes Mal tief berührt, Menschen zu begegnen, die ihre Erfahrungen, ihre Kraft und ihre Hoffnungen auf emotional offene und authentisch-menschliche Weise miteinander teilen.

Es ist für mich sehr bewegend zu erfahren, was aus den Samen, die während des Klinikaufenthaltes gesät worden waren, für wundervolle Früchte hervorgegangen sind.

Beim letzten Ehemaligentreffen berührte mich die Begegnung mit einem über sechzigjährigen Ingenieur in ganz besonderer Weise.

Ich erinnere mich noch sehr genau, als Hans vor einem knappen Jahr in die Klinik kam, nachdem er zuvor mehr als ein Jahr unter schweren Depressionen mit fast täglich wiederkehrenden Suizidgedanken gelitten hatte. Schon mehrmals hatte er sich ein Küchenmesser an den Hals gesetzt, um sich das Leben zu nehmen. Er berichtete damals, dass er sich als wertlos und klein, als nutz- und antriebslos und von Selbsthass zerfressen erlebte. Er litt vor allem darunter, von all seinen Gefühlen abgeschnitten zu sein.

Ich weiß noch, wie befreiend es während des Aufenthaltes für ihn war, als er nach vielen Jahren zum ersten Mal wieder Tränen in seinen Augen spüren konnte. Tränen als Ausdruck des wiedergewonnenen Mitgefühls für sich selbst. Er erkannte, wie sehr er mit den Kriegstraumatisierungen seiner Großeltern und seiner Eltern verstrickt war und durch die Therapie ihnen, und damit auch sich selbst, verzeihen konnte.

Freudestrahlend berichtete er mir bei unserem Wiedersehen:

»Damals während der Therapie wurde ich immer mutiger, mein Herz zu öffnen. Ich konnte so nach und nach wieder tiefe Gefühle der Liebe und Dankbarkeit wahrnehmen. Es war die Mut machende Unterstützung durch die Gemeinschaft der Mitpatienten, die mir unendlich gutgetan hat.«

Er berichtete mir von einem Text von Richard Beauvais, der ihn damals täglich begleitete und sich für ihn bewahrheiten sollte:

> Wir sind hier, weil es letztlich kein Entrinnen
> vor uns selbst gibt.
>
> Solange der Mensch sich nicht selbst in
> den Augen und Herzen seiner Mitmenschen
> begegnet, ist er auf der Flucht.
>
> Solange er nicht zulässt, dass seine
> Mitmenschen an seinem Innersten teilhaben,
> gibt es für ihn keine Geborgenheit.
>
> Solange er sich fürchtet, durchschaut zu
> werden, kann er weder sich selbst noch andere
> erkennen – er wird allein sein.
>
> Wo können wir solch einen Spiegel finden,
> wenn nicht in unserem Nächsten.

»Weißt du, Michael«, fügte er mit leuchtenden Augen hinzu, »als ich noch in der Depression gefangen war, fürchtete ich mich vor jedem neuen Tag, ich hatte ein ausgesprochenes Morgen-Grauen. Jetzt darf ich jeden neuen Tag mit Zuversicht und Dankbarkeit beginnen. Ich habe verstanden, dass ich nicht sterben muss, um mir das Leben zu nehmen. Jetzt weiß ich, dass ich mir jeden Tag mein Leben wirklich nehmen darf – und zwar mit beiden Händen.«

LiebesLeben

Anja und Bernd sind bereits seit zwölf Jahren ein Paar. War es ihnen möglich, zu Beginn ihrer Beziehung ihrem Miteinander viel Zeit und Aufmerksamkeit zu schenken, so hat sich dies über die Jahre nach und nach schleichend verändert. Arbeit, Kindererziehung, finanzielle Sorgen, eigene hohe Erwartungen an sich selbst – all das hat dazu geführt, dass die beiden in eine Spirale von Stress und Anspannung gerieten. Letztlich wirkte sich die Daueranspannung auch sehr spürbar auf das gemeinsame Liebesleben aus.

»Wir haben uns viel gestritten – auch über das Thema Sex«, berichtet Bernd. »Ich hatte ziemliche Schuldgefühle, weil ich einfach keine Lust mehr empfand. Gleichzeitig hatte ich Angst, den Erwartungen von Bernd nicht mehr zu genügen«, ergänzt Anja. »Und ich habe mir selbst richtig Druck gemacht. Ich meinte, ich müsse Anja zum Höhepunkt führen. Ich habe mich dabei zunehmend als Versager gefühlt, da es für uns beide immer unbefriedigender im Bett wurde«, platzt es aus Bernd heraus.

Es war Anja, die als Erste den Schritt wagte und sich einer Paarberaterin anvertraute, und so den Weg in ein neues

gemeinsames LiebesLeben öffnete: »Mir wurde klar, wie sehr
wir beide unter Leistungsdruck und Versagensängsten litten –
sowohl im alltäglichen Leben als auch im Bett. Ich selbst war
so sehr darauf bedacht, meinen eigenen Ansprüchen und den
Erwartungen anderer an mich zu genügen, dass ich gar nicht
mehr bei mir selbst war. ›Wenn du einem anderen nahe sein
willst, musst du erst einmal dir selbst nahe sein‹, sagte die Paarberaterin zu mir, und das traf den Nagel auf den Kopf. Ja, es
stimmte: Ich war in mir so ruhelos, so angespannt, mir selbst so
fremd geworden. Ich war nicht mehr bei mir selbst zu Hause.«

Anja begann, sich wieder mehr Zeit für sich selbst zu nehmen. Zeit, um sich in ihrem eigenen Körper wieder wohl zu
fühlen. Zeit, um sich selbst zu spüren. Sie entdeckte, wie das re-
gelmäßige Laufen ihrem Körper wohltat, wie sie dadurch auch
emotionale Anspannung abbauen konnte. Ihr wurde klar, dass
sie zwischen den alltäglichen Verpflichtungen nicht einfach
mal schnell für eine Stunde eine erfüllende Intimität erleben
konnte, wenn sich ihr gestresster Körper wie ein verstimmtes
Instrument anfühlte. »Ich brauche Zeit der Entspannung, der
Ruhe, um mich wieder in meinem Körper einzustimmen.«

Auch Bernd ließ sich, inspiriert von seiner Frau, auf diesen
Prozess ein und begleitete sie zur Paarberatung: »Ich erkannte,
wie ich mir in meinem Leben immer wieder hohe Ziele setze
und sie unbedingt erreichen möchte. Auch beim Sex war ich
derart auf das Ziel Orgasmus fixiert, sodass ich gar nicht mehr
im gegenwärtigen Moment bei mir und meiner Partnerin war.
Es ist für mich eine unglaubliche Entlastung gewesen einzuse-
hen, dass es in unserer Intimität gar nicht darum gehen muss,
ein bestimmtes Ziel wie etwa einen gemeinsamen Höhepunkt

zu erreichen. Vielmehr genieße ich es jetzt, eine entspannte Zeit und ein erfüllendes Miteinander zu erleben – manchmal kommt es zu einem Orgasmus, und manchmal eben nicht.«

Nirgends überwinden wir Menschen das Gefühl des Getrenntseins so sehr wie in der gemeinsamen Liebe. Aber es beginnt bei uns selbst: Erst wenn ich selbst mit mir im Einklang bin, mit mir friedlich und liebevoll umgehe, kann ich auch im Einklang mit meinem Partner sein und mit ihm friedvoll und liebevoll umgehen.

Telefon-WG

Es ist acht Uhr morgens.

Wie jeden Tag erwartet Evelyn in eine Decke eingehüllt, eine Tasse warmen Tee neben sich, den Telefonanruf von Marion. Es ist ihre gemeinsame »heilige Zeit«, wie sie das zwanzigminütige Telefonat am Beginn eines jeden Tages ehrfürchtig nennen.

Ein Jahr ist es nun her, dass sie sich am jeweiligen Tiefpunkt ihres Lebens kennengelernt haben. Nach vier Jahren aufopferungsvoller Pflege war Evelyns Mann zu Hause verstorben. Ihr eigenes Leben war mit einem Schlag sinnlos und leer geworden. Als verwitwete pensionierte Lehrerin schien es keinen Grund mehr zu geben, für den sie sich morgens aus dem Bett quälen sollte. Auf Anraten ihres Arztes hatte sie sich schweren Herzens entschlossen, in einer psychosomatischen Klinik Hilfe zu suchen.

Dort lernte sie bereits am ersten Tag Marion kennen, die sich in ihrem aufreibenden Beruf als evangelische Pastorin in eine Erschöpfungsdepression hineinmanövriert hatte. Sofort fühlten sie sich von der jeweilig anderen verstanden. Beide hatten ihre Aufgaben bis zur Selbstaufgabe ausgeführt, beide waren sie nun auf der Suche nach einem neuen Weg. Täglich sprachen sie miteinander und merkten schnell, dass geteiltes Leid zum halben Leid werden konnte. Das gegenseitige Verständnis und das wohlwollende Zuhören wurden genauso zum Therapeutikum wie die professionellen Angebote, die sie in der Klinik vorfanden. Als beide nach sechs Wochen die Klinik wieder verließen, war ihnen klar, dass sie auf das »Heilmittel Mensch« nicht mehr verzichten wollten.

Evelyn lebt in einer Kleinstadt in Nordrhein-Westfalen. Marion hat ihre Pfarrstelle im Süden Deutschlands. So vereinbarten sie, nach der Klinikentlassung eine »Telefon-WG« zu gründen, wie sie ihre täglichen gemeinsamen Telefonzeiten schmunzelnd nennen.

Täglich vertrauen sie einander an, was gerade ihre Herzen bewegt. Zehn Minuten spricht Evelyn, während Marion aufmerksam zuhört, und zehn Minuten berichtet Marion über sich, während Evelyn ganz Ohr ist. Es gibt keine Ratschläge, keine Tipps, keine Bewertungen. Die beiden versuchen, einfach im offenen Zuhören für die andere da zu sein, ohne irgendetwas tun zu wollen. Da sie sich in der Klinikzeit ganz offen mit ihren Schmerzen, Verletzungen und Sehnsüchten gezeigt hatten, konnte ein tiefes gegenseitiges Vertrauen entstehen.

So braucht es zwischen den beiden keine Maske, kein Make-up mehr. Wie wohltuend es doch sein kann, zu wissen, »da ist ein Mensch, so wie ich auch«, und dass sie beide schwere Zeiten durchlebt hatten. Gemeinsam ist ihnen auch die Hoffnung, nicht noch einmal in das dunkle Loch der Depression zu fallen. Ihnen ist bewusst, dass sie dafür etwas tun müssen. So ist die gemeinsame Telefonzeit wie zu einem Medikament geworden, das sie jeden Morgen einnehmen. Ein Medikament, das nichts kostet, aber sich für beide als sehr wirksam herausgestellt hat. Es ist ein wichtiger Teil ihres Genesungsweges. Tag für Tag.

»Der Mensch ist des Menschen Medizin«, besagt bereits ein altes afrikanisches Sprichwort. Oh, wie wahr!

SCHÖPFERISCH
DIE EIGENE
LEBENSGESCHICHTE
GESTALTEN

All diese Geschichten, könnte man meinen, sind ja die Geschichten von anderen – und die je eigene Lebensgeschichte ist doch wieder ganz anders. Dies trifft zu, und doch auch wieder nicht. In jeder Geschichte stecken mehrere Schichten. So gibt es die individuelle Ebene, die jede Geschichte einzigartig macht, so wie jeder Mensch auch einzigartig und einmalig ist. Aber auf einer kollektiven Ebene drückt jede Geschichte auch etwas aus, was für uns alle gilt. Auf dieser Ebene werden tiefe Gemeinsamkeiten, Grundprinzipien unseres menschlichen Lebens und das Wissen um unser Verbundensein angesprochen.

So wie auch unser menschliches Sein unterschiedliche Schichten aufweist: Auf einer existenziellen Ebene sind wir Menschen voneinander getrennt. Wer etwa Hunger verspürt, muss selbst etwas essen, das kann kein anderer für ihn tun. Wir sind existenziell voneinander unterschieden und auf dieser Ebene getrennt voneinander.

Auf einer essentiellen, universellen Ebene sind wir aber in unserem Menschsein eins. Wir gehören zusammen. Auf dieser Ebene sind wir uns sehr nahe, miteinander verbunden und Teil einer großen gemeinsamen Menschheitsgeschichte, ja universellen Geschichte. Auf dieser Ebene sind auch unsere Geschichten miteinander verwoben. Was dem einen widerfährt, hat auch mit dem anderen zu tun.

Vielleicht kennen Sie selbst die Erfahrung, dass die Geschichte eines anderen Sie derart berührt hat, dass diese für Sie zum Herzensöffner wurde und etwas Essentielles in Ihnen zum Vorschein gebracht hat.

An dieser Stelle möchte ich Sie als Leser dieser Geschichten einladen, nachzuspüren, welche der 52 Geschichten in Ihnen in besonderer Weise noch nachklingt.

Gab es beim Lesen der Geschichten einen Moment der besonderen Berührung in Ihnen? Welcher war es? Was genau hat es in Ihnen berührt? Welches Thema klingt an? Worauf möchte Sie diese Geschichte hinweisen? Um welchen nächsten Schritt in Ihrem Leben, in Ihrer eigenen Geschichte, könnte es gehen?

Vielleicht möchte diese Erzählung, die in besonderer Weise mit Ihrer eigenen Geschichte verwoben ist, Sie auffordern, etwas in Ihrem eigenen Leben neu werden zu lassen. Dies könnte etwa dadurch geschehen, dass Sie Aspekte Ihrer bisherigen Lebensgeschichte unter einem neuen Licht wahrnehmen. Womöglich könnte es darum gehen, dass Teile Ihrer eigenen Geschichte, so wie Sie diese bisher sich selbst oder anderen erzählt haben, auf eine neue Weise erzählt werden möchten.

Es könnte aber auch dadurch geschehen, dass Sie Ihrer bisherigen Lebensgeschichte ganz bewusst ein neues Kapitel hinzufügen möchten. Ein neues Kapitel, bei dem Sie nicht nur Darsteller, sondern Regisseur Ihrer eigenen Geschichte sind.

Ich möchte Sie ermutigen, Ihrer eigenen Sehnsucht, dem, wonach Ihre Seele sich sehnt oder wonach sie sucht, zu begegnen. Was soll in Ihrem Leben mehr Platz bekommen? Wie soll sich Ihre Lebensgeschichte von nun an weiter entwickeln?

Wir Menschen neigen manchmal dazu, bestimmte Dinge lange vor uns herzuschieben – gerade so, als ob wir noch ein zweites Leben im Gepäck hätten. Im Wissen um dieses eine Leben lade ich Sie ein, konkret zu werden. Setzen Sie etwas, das Ihnen beim Lesen der Geschichten bewusst geworden ist, selbst in die Tat um. Und schauen Sie anschließend genau hin, welche Wirkung es in Ihrem Leben entfaltet.

Ich wünsche Ihnen von Herzen, dass in Ihrer eigenen Lebensgeschichte die Selbstliebe zum zentralen Dreh- und Angelpunkt wird. Machen Sie ernst damit, sich selbst mehr zu lieben. Ihre eigenen Geschichten zu lieben. Das Geschenk Ihres einzigartigen Lebens zu lieben.

Wenn Sie sich wirklich auf den Weg der Selbstliebe machen wollen, halte ich es für entscheidend, dass Sie allem, was Ihnen tagtäglich begegnet, mit Offenheit, Unvoreingenommenheit und Neugier begegnen. Stellen Sie sich vor, dass Ihr ganzes Leben eine Aneinanderreihung von kleinen Geschichten darstellt. Jede zwischenmenschliche Begegnung, jedes noch so kleine Ereignis, jeder Tag kann als eine in sich geschlossene Geschichte verstanden werden.

Öffnen Sie Ihr Herz für all die großen und kleinen Geschichten Ihres Lebens! Öffnen Sie Ihr Herz für Ihr Leben!

Ich möchte Sie daher am Ende dieses Buches zu einem Ritual einladen: Halten Sie jeden Abend, bevor Sie zu Bett gehen, eine Art Tages(rück)schau, um die Geschichten Ihres heutigen Tages in einem besonderen Licht zu betrachten.

Stellen Sie sich dabei selbst die untenstehenden »Heiligen Fragen«. Warum Fragen? Fragen haben den Vorteil, dass sie unsere Aufmerksamkeit auf sanfte Weise in eine bestimmte Richtung lenken können. Fragen stellen gewissermaßen Futter für unser Gehirn dar. Die Art der Fragen entscheidet darüber, ob Sie Ihrem Gehirn wertvolles, nahrhaftes Futter zukommen lassen oder sich selbst bloß »Junkfood« servieren.

Wählen Sie abends einen wohltuenden Ort und stellen Sie sich die fünf »Heiligen Fragen«. Ich nenne sie so, da sie den Blick auf eine größere, weitere Ebene hin öffnen. Wenn Sie das, was Ihnen tagtäglich widerfährt, durch die Art der Fragen in ein warmes Licht des Mitgefühls, der Verbundenheit, der tieferen Sinnhaftigkeit stellen, können Sie erfahren, dass

Ihr Geist sich weitet: Nichts geschieht umsonst, alles steht auf eine zutiefst sinnvolle Weise miteinander in Verbindung.

Die fünf Heiligen Fragen lauten:

- Was habe ich (heute) erlebt?
- Was will mir das sagen?
- Was lehrt es mich auf einer tieferen Ebene?
- Wie hilft mir diese Erfahrung, mich selbst mehr zu lieben?
- Wie hilft mir diese Erfahrung, andere mehr zu lieben?

Zu guter Letzt möchte ich Ihnen noch einen Text weiterreichen, der auf schöne Weise ausdrückt, wie sehr die Selbstliebe unser Leben verändern kann. Er soll aus der Feder von Charlie Chaplin anlässlich seines 70. Geburtstages stammen. Dieser Text zeigt auf eindrückliche Weise, was geschehen kann, wenn wir beginnen, uns wirklich selbst zu lieben.

Als ich mich selbst zu lieben begann

Als ich mich selbst zu lieben begann, konnte ich erkennen, dass emotionaler Schmerz und Leid nur Warnungen für mich sind, nicht gegen meine eigene Wahrheit zu leben. Heute weiß ich: Das nennt man AUTHENTISCH SEIN.

Als ich mich selbst zu lieben begann, habe ich verstanden, wie sehr es jemanden beleidigen kann, wenn ich versuche, diesem Menschen meine Wünsche aufzudrücken, obwohl ich wusste, dass die Zeit nicht reif und der Mensch nicht bereit war, und auch wenn ich selbst dieser Mensch war. Heute weiß ich: Das nennt man RESPEKT.

Als ich mich selbst zu lieben begann, habe ich aufgehört, mich nach einem anderen Leben zu sehnen, und konnte sehen, dass alles um mich herum eine Einladung zum Wachsen war. Heute weiß ich: Das nennt man REIFE.

Als ich mich selbst zu lieben begann, habe ich verstanden, dass ich immer und bei jeder Gelegenheit zur richtigen Zeit am richtigen Ort bin und dass alles, was geschieht, richtig ist – von da an konnte ich ruhig sein. Heute weiß ich: Das nennt man SELBSTVERTRAUEN.

Als ich mich selbst zu lieben begann, habe ich aufgehört, mich meiner freien Zeit zu berauben und ich habe aufgehört, weiter grandiose Projekte für die Zukunft zu entwerfen. Heute mache ich nur das, was mir Freude und Glück bringt, was ich liebe und was mein Herz zum Lachen bringt. Auf meine eigene Art und Weise und in meinem eigenen Rhythmus und Tempo. Heute weiß ich: Das nennt man EINFACHHEIT.

Als ich mich selbst zu lieben begann, habe ich mich
von allem befreit, was nicht gesund für mich war, von
Speisen, Menschen, Dingen, Situationen und von allem,
das mich immer wieder hinunterzog, weg von mir selbst.
Anfangs nannte ich das »Gesunden Egoismus«, aber
heute weiß ich: Das ist SELBSTLIEBE.

Als ich mich selbst zu lieben begann, habe ich aufgehört,
immer Recht haben zu wollen, so habe ich mich weniger
geirrt. Heute habe ich erkannt: Das nennt man DEMUT.

Als ich mich selbst zu lieben begann, habe ich mich
geweigert, weiter in der Vergangenheit zu leben und
mich um meine Zukunft zu sorgen. Jetzt lebe ich nur
noch in diesem Augenblick, wo alles stattfindet, so
lebe ich heute jeden Tag, Tag für Tag, und nenne es
ERFÜLLUNG.

Als ich mich selbst zu lieben begann, da erkannte ich,
dass mich mein Denken behindern und krank machen
kann. Als ich mich jedoch mit meinem Herzen verband,
bekam der Verstand einen wertvollen Verbündeten. Diese
Verbindung nenne ich heute HERZENSWEISHEIT.

Wir brauchen uns nicht weiter vor Auseinandersetzungen,
Konflikten und Problemen mit uns selbst und anderen
fürchten, denn sogar Sterne knallen manchmal
aufeinander und es entstehen neue Welten. Heute weiß
ich: DAS IST DAS LEBEN.

DANK

Ich empfinde tiefe Dankbarkeit für die wunderbare Gelegenheit, Geschichten, die mich selbst berührt und inspiriert haben, in diesem Buch zusammenzufassen, um sie einem größeren Kreis von Lesern zur Verfügung zu stellen.

Ganz besonders danke ich Tino Heeg vom Herder Verlag. Schon von der ersten Begegnung an fühlte ich mich durch ihn sehr ermutigt, dieses Buch zu schreiben. Jederzeit erfuhr ich durch ihn große Wertschätzung und wohlwollende Unterstützung.

Ich danke auch all jenen, deren persönliche Geschichten mich tief berührt haben und deren Einverständnis ich bekam, davon in diesem Buch erzählen zu dürfen.

An dieser Stelle möchte ich mich auch bei allen Lesern meines ersten Buches »Jeder Tag ist ein geschenktes Leben« bedanken. Sie haben mich durch ihr großes Interesse und ihre vielfältigen Rückmeldungen darin bestärkt, nochmals ein Buchprojekt in Angriff zu nehmen.

Für ihre tatkräftige Unterstützung und die wertvollen Rückmeldungen, die sie mir durch das Lesen des Manuskripts zur Verfügung gestellt haben, danke ich meiner Frau Elisabeth Tischinger, Carola Hanti, Franz-Josef Köb, Birgit Sonnen, Lucia Bühler, Michael Gessel, Thomas Boetsch sowie Amina Vorholzer.

Ebenso danke ich Herrn Dr. Georg Reisach für seine große Wertschätzung und seine wohlwollende Förderung dieses Buchprojekts.

Patrick Schank danke ich für die inspirierenden Gespräche, die zur Entstehung des Buches mit beigetragen haben.

LITERATUR

Die Bibel: nach der Übersetzung Martin Luthers, Deutsche Bibelstiftung, Stuttgart, 1975

John Bradshaw: Das Kind in uns. Wie finde ich zu mir selbst, Knaur, München, 2000

Anthony de Mello: Warum der Vogel singt – Weisheitsgeschichten, Herder, Freiburg, 2005

Stephen G. Gilligan: Liebe dich selbst wie deinen Nächsten, Carl-Auer, Heidelberg, 1999

Carl Gustav Jung: Die Beziehung zwischen dem Ich und dem Unbewussten, Walter, Olten, Freiburg, 1971

Hans Peter Kerkeling: Der Junge muss an die frische Luft – Meine Kindheit und ich, Piper, München, 2014

Ellen Langer: Die Uhr zurückdrehen?, Junfermann Verlag, Paderborn, 2011

Kristin Neff: Selbstmitgefühl – Schritt für Schritt, Arbor, Freiburg, 2015

Henri Nouwen: Feuer in meinem Herzen – Die Kraft der Mitmenschlichkeit, Herder, Freiburg, 2006

Diana Richardson: Slow Sex – Zeit finden für die Liebe, Integral, München, 2011

Rainer Maria Rilke: Briefe an einen jungen Dichter, Insel, Leipzig, 1950

Eckhard Roediger, Praxis der Schematherapie, Schattauer, Stuttgart, 2009

Hartmut Rosa: Beschleunigung und Entfremdung, Suhrkamp, Frankfurt am Main, 2013

Dschelaladdin Rumi: Die Musik, die wir sind, Arbor, Freiburg, 2009

Sharon Salzberg: Metta Meditation, Arbor, Freiburg, 2003

Stefanie Carla Schäfer: Selbstliebe macht stark, Scorpio, München, 2016

Thich Nhat Hanh: Einfach lieben, O. W. Barth, München, 2016

Michael Tischinger: Jeder Tag ist ein geschenktes Leben, Kreuz, Freiburg, 2013

Bodo Karsten Unkelbach: Heute liebe ich mich selbst! In sieben Schritten zur Resilienz, Claudius, München, 2016

Sylvester Walch: Vom Ego zum Selbst, Grundlinien eines spirituellen Menschenbildes, O. W. Barth, München, 2011